MUSIC FESTIVAL GUIDE BOOK

뮤직 페스티벌 준비부터 뒤풀이까지
덕후들의 경험담을 토대로 알려드립니다.
여러분의 즐거운 페스티벌 라이프를 위하여!

들어가는 말

코로나19 팬데믹 이후 뮤직 페스티벌에 대한 대중의 관심과 소비가 크게 증가했습니다. 역대 최다 관객을 동원하거나 티켓 매진을 기록하는 페스티벌이 많아졌고, 페스티벌 신에 새로 유입되는 신규 관객이 눈에 띄게 늘었죠. 이에 기존 관객이 너무나 당연하다고 생각했던 페스티벌 문화를 초심자 입장에서는 낯설게 받아들이는 현상을 종종 목격했습니다. 신규 관객들이 페스티벌 정보를 접하는 데 어려움을 겪는 경우도 있었고요.

페스티벌에 가는 것에 대한 심리적 부담감을 표하는 분들도 여전히 많았습니다. '페스티벌은 인싸들만 가는 곳이다', '혼자서는 못 가는 것 아니냐', '가면 고인물만 있는 것 아니냐' 등 페스티벌 덕후라면 해명하고 싶을 만한 오해를 하는 상황도 보였습니다.

이제 막 페스티벌에 다니기 시작한 분들에게는 정보를 제공하고, 아직 페스티벌이 어렵게 느껴지는 분들에게는 어떻게 시작하면 좋을지 안내하고자 이번 가이드북을 기획했습니다. 곳곳에 흩어져 있어 하나씩 검색해야 알 수 있었던 페스티벌 정보를 책 한 권에 일목요연하게 정리하면 좋겠다는 생각으로요.

　팬데믹 기간 동안 페스티벌 라이프는 팔로워 분들과 두 권의 책을 내며 힘든 시기를 함께 버텨냈습니다. 페스티벌과 공연이 줄줄이 취소되던 팬데믹 첫 해, 라이브 현장이 그리운 공연 덕후 70명의 공연 후기를 엮은 **「No Music No Life」**(2020)가 그 시작이었죠. "내년엔 꼭 페스티벌 현장에서 만나자"며 책을 마쳤지만 안타깝게도 2년 넘게 현장으로 돌아갈 수 없었습니다.

　공연과 페스티벌에 생계가 달린 업계 종사자, 음악을 선보일 기회를 잃은 아티스트, 매년 페스티벌 현장을 찾던 관객들은 어떤 마음가짐으로 그 시간을 견뎌냈을까요. 페스티벌 라이프의 두 번째 책은 팬데믹 시대에 살아남은 음악 팬들을 위한 인터뷰집 **「No Music New Life」**(2022)였습니다. 고통과 인내의 시간을 책으로 남기며 "보고 싶었던 공연과 페스티벌이 다시 열리게 된다면 두 번 다시 오지 않을 기회처럼 온 힘을 다해 보러 가자"고 다짐했는데, 드디어 페스티벌의 즐거움을 만끽할 수 있게 되었습니다.

　페스티벌 라이프의 세 번째 책 **「뮤직 페스티벌 가이드북」**에는 페스티벌에 가기 위한 기본적인 준비

과정부터 현장에서 경험할 수 있는 것, 페스티벌이 끝난 이후까지 순차적으로 소개하며 관객이 겪는 모든 과정을 담았습니다. 페스티벌을 제대로 접해보지 못했거나, 도저히 엄두가 나지 않아 주저했던 분들에게 이 책이 페스티벌을 향한 촉매제가 될 수 있다면 좋겠습니다.

  책 제작에 참여한 네 명의 페스티벌 경험을 모두 합치면 햇수로는 약 40년, 횟수로는 약 200회에 달합니다. 그동안 페스티벌을 다니며 직접 겪었던 시행착오를 덕후의 시선에서 녹여내고자 했어요. 사람마다 다를 수 있는 개인의 관람 성향은 제작진의 코멘트로 반영했습니다. 자칫 딱딱해질 수 있는 내용이지만 만화를 삽입해 재미와 귀여움도 놓치지 않았어요. *페스티벌 라이프* 팔로워 여러분들이 보내주신 사연도 만화로 재구성해 수록했습니다.

  저희가 그간 겪은 것을 바탕으로 국내 페스티벌 문화를 소개했지만, 이 책에서 제안하는 방식으로만 페스티벌을 즐겨야 하는 것은 아닙니다. 음악으로 자유로이 일탈할 수 있는 곳이 페스티벌이고, 그것이야말로 페스티벌의 핵심이니까요. 페스티벌을 즐기는 데 정해진 답은 없습니다. 이 책은 어디까지나 참고용일 뿐, 궁극적으로는 독자 여러분이 수많은 페스티벌을 직접 경험해 보며 각자에게 맞는 방식을 체득해 나가길 바랍니다.

일러두기

1) 이 책에서 말하는 '페스티벌'이란, 음악 공연이 진행되는 '뮤직 페스티벌'을 의미합니다.
모든 내용은 한국에서 열리는 페스티벌을 기준으로 작성되었습니다.

2) 국립국어원 표준국어대사전에 따르면 'Rock'은 '록'으로 표기해야 하지만,
이 책에서는 덕후들이 보편적으로 사용하는 방식을 따라 '락'으로 표기했습니다.
다만, 페스티벌 공식 명칭에 '록'이라고 표기된 경우에는 그대로 반영했습니다.

3) 트위터는 2023년 'X'로 명칭을 변경했으나,
덕후들 사이에서는 여전히 트위터로 불리는 경우가 대다수임을 고려해 옛 이름으로 표기했습니다.

뮤직 페스티벌 가이드북
Music Festival Guide Book

등장 인물

샛별

다람쥐

1) 페스티벌 라이프 대표. 밴드 기반의 뮤지션을 좋아하며, 브릿팝 기반으로 음악 취향을 쌓아왔다. 요즘은 국내 인디와 제이팝에 푹 빠져있다.

2) 2007년 다대포 해수욕장에서 우연히 부락을 접하며 페스티벌에 눈을 떴다. 이제 인생에서 일반인으로 살아온 날보다 페스티벌 덕후로 보낸 날이 더 길다.

3) 슬램과 깃발에 제약이 없는 페스티벌 위주로 간다. 편리한 도심형도 좋지만 자연 속에서 즐기는 캠핑형 페스티벌을 선호하는 편. 사서 고생하는 스타일이다.

4) 이제는 술보다 밥을 제때 챙겨 먹는다. 체력을 효율적으로 쓰기 위해 슬램도 적당히 치고 빠진다. 꼭 봐야 하는 라인업 외에는 유유자적 돌아다니며 페스티벌 자체를 즐기는 편.

1) 음악을 좋아하는 프리랜서 디자이너. 한때 음반사 마케터로 일하며 덕업일치의 기쁨과 슬픔을 맛봤다. 지금은 제주에서 방구석 리스너로 살고 있다.

2) 2012년 자원활동가를 시작으로 페스티벌의 매력에 빠졌다. 2019년에는 영국으로 음악 페스티벌 여행을 다녀오기도 했다. 지금도 일 년에 한두 번 정도는 육지로 페스티벌 여행을 간다.

3) 바닷가 근처나 산 속에서 열리는 페스티벌을 좋아한다.

4) 스탠딩존에서 신나게 뛰어노는 것도, 돗자리에 앉아 느긋하게 감상하는 것도 좋아한다. 어디서 보든 혈중 알코올 농도를 일정 수치 이상으로 유지하기 위해 신경쓰는 편이다.

1) 인물 소개   2) 페스티벌 경력   3) 선호하는 페스티벌   4) 페스티벌 관람 유형

하이린

1) 페스티벌 라이프 에디터. 밴드 사운드를 가장 좋아하는 밴드 덕후지만 귀에 좋은 음악이라면 장르와 국경, 세대를 가리지 않는 음악 박애주의자.

2) 성인이 되자마자 봉인 해제하듯 페스티벌을 다니기 시작한 게 2015년이다. 일 년에 페스티벌 일곱 곳 이상은 꼭 출석하는 편.

3) 가장 좋아하는 건 락페다. 하지만 밴드를 볼 수 있는 페스티벌이라면 어디든 좋다. 많이 고생하지 않고 교통과 숙박이 편리한 도심형 페스티벌을 선호한다.

4) 밥 먹는 시간도 아껴가며 최대한 다양한 공연을 알차게 챙겨본다. 다리가 부서지는 한이 있어도 스탠딩존 관람을 사수하며 열심히 뛰어논다. 혼자서도 많이 가는 솔플 고수.

바리

1) 연차 모아서 공연 다니는 게 취미인 마케터. 공연을 다니거나 덕질을 하며 갑자기 벅차오르는 마음을 만화로 그리고 있다. "쾅쾅쾅 두구두구 빵~" 하는 밴드 음악을 좋아한다.

2) 본격적으로 다니기 시작한 건 2019년 이지만, 코로나 공백 이슈로 2024년이 페스티벌 4년 차인 병아리.

3) 락페. 다같이 잔디밭에서 뛰어노는, 자유도가 높은 페스티벌을 선호한다. 문명의 이기도 포기할 수 없어서 아직 캠핑형 페스티벌에는 도전하지 못하는 중.

4) 혼자 갈 때는 펜스를 잡으려고 간을 보거나, 스탠딩존에서 오늘 하루 같이 다닐 다른 솔플을 찾아다닌다. 동행이 있으면 뒷줄 슬램존 근처에서 춤추고 논다.

차례

Stage # 1
페스티벌에 가기까지

- 개최 공지
- 라인업
- 티켓
- 예매
- 교통편
- 숙소
- 준비물
- 옷차림
- 일행
- 예습

Stage # 2
페스티벌 현장에서

- 페스티벌의 흐름
- 페스티벌 맵
- 입장 부스
- 스탠딩존
- 슬램존·깃발존
- 펜스존
- 돗자리존
- 부스와 편의시설
- 날씨
- 귀갓길

Stage # 3
페스티벌에 다녀와서

- 애프터 파티와 뒤풀이
- 분실물
- 팔찌 보관
- 후기 작성
- 단독 공연
- 자원활동가
- 해외 페스티벌

Stage # 4
부록

- 페스티벌 용어 사전
- 국내 페스티벌 모음집
- 페스티벌 중독 자가 진단
- 페스티벌 플레이리스트
- 제작진 인터뷰

Stage # 1
페스티벌에 가기까지

- ▸ 개최 공지
- ▸ 라인업
- ▸ 티켓
- ▸ 예매
- ▸ 교통편
- ▸ 숙소
- ▸ 준비물
- ▸ 옷차림
- ▸ 일행
- ▸ 예습

❶ 개최 공지

국내 페스티벌은 약 4개월 전부터, 빠르면 6개월 전부터 공식 채널을 통해 페스티벌 개최 일정과 장소를 발표한다. 개최 공지를 통해 올해도 돌아온다는 인사를 전하고, 라인업이 발표되기 전부터 팬들의 기대를 모으는 것이다. '인천펜타포트 락 페스티벌*' 처럼 오랜 역사를 유지해 오고 있는 페스티벌의 경우, 개최 장소와 시기가 고정되어 있는 편이지만 신생 페스티벌의 경우에는 매번 장소와 시기가 달라지기도 한다.

*이하 펜타

개최 공지가 올라오는 시점부터 팬들은 기대감으로 들뜨기 시작한다. 일상을 살아가느라 잊고 있던 페스티벌의 추억이 되살아나기 때문이다. 개최 공지에는 라인업을 추측하거나, 보고 싶은 아티스트가 무대에 서기를 기원하는 내용의 댓글이 주로 달린다. 페스티벌에 같이 가고 싶은 친구를 태그하며 기대감을 드러내기도 한다.

페스티벌 일정에 맞춰 1년 스케줄을 짜는 음악 팬들에게는 본인이 가고 싶은 페스티벌이 언제 열리는지가 매우 중요하다. 인기 있는 페스티벌은 개최 일정이 발표되자마자 인근 숙박업소의 예약이 모두 마감되는 현상이 일어나기도 하기 때문이다. 개최 공지부터 눈여겨봐야 하는 이유가 바로 여기에 있다. 도심이 아닌 외곽이나 지방에 있는 페스티벌일수록 숙소 예약 경쟁이 치열한 편이다. 직장인이라면 소중한 연차 사용과 관련된 문제이므로, 페스티벌로 휴가 계획을 세우고 있다면 일정을 미리 확인해 준비하는 것이 좋다.

❷ 라인업

페스티벌 개최가 확정되었다면 다음은 라인업이다. 라인업은 페스티벌에 출연하는 아티스트 목록으로, 여러 차례에 걸쳐 발표된다. 페스티벌의 규모와 기간에 따라 적게는 2차부터 많게는 5·6차까지 나뉜다.

1차 라인업에서는 관객 동원력이 큰 헤드라이너*와 주요 아티스트가 발표된다. 헤드라이너는 페스티벌의 마지막 순서를 장식하는 아티스트로, 라인업 포스터에서도 가장 큰 글자로 표기된다. 대형 해외 아티스트가 헤드라이너로 공개되면 라인업 발표와 동시에 화제가 되기도 한다.

*Headliner

1차에 발표되지 않은 헤드라이너와 서브 헤드라이너, 중견급, 신인급 라인업은 2차와 3·4차에 걸쳐 공개된다. 그중에서도 중견급 라인업은 '허리 라인업'이라고도 불린다. 헤드라이너만큼 유명하지는 않지만 그만한 실력과 경력을 갖췄고, 신인보다는 많은 노래와 팬을 보유한 아티스트로, 페스티벌의 중심 축이 되기 때문이다. 이렇게 1·2차 라인업에서 발표되는 아티스트를 중심으로 해당 페스티벌이 추구하는 분위기나 장르를 파악할 수 있다.

3차 라인업부터는 신인급 아티스트의 비중이 늘어난다. 이때 페스티벌에서 자체적으로 주최하는 신인 발굴 프로그램이나 경연 대회로 선발된 뮤지션이 이름을 올리기도 한다. 장기하, 잔나비, 실리카겔 등 현재 2,000석 이상의 중대형 공연장에서 단독 공연을 개최하는 아티스트도 국내 페스티벌에서 루키로 선정되던 시절을 거쳤다. 아티스트가 성장하는 과정에 페스티벌 진출도 포함되니, 신진 아티스트의 발돋움을 포착하고 싶은 사람이라면 3차 라인업도 관심 있게 확인하길 추천한다. 가끔은 최종 라인업 발표에 서브 헤드라이너 급의 아티스트가 깜짝 공개되기도 한다.

요일에 따라 라인업의 성격을 구분하는 페스티벌도 있다. 예컨대 금요일에는 팝, 토요일은 락, 일요일엔 EDM 뮤지션을 몰아서 배치하는 것이다. 이런 라인업은 본인이 선호하는 음악 장르에 따라 요일을 골라서 관람하기 좋다.

페스티벌을 4~5년 이상 다녀본 덕후라면 선호하는 페스티벌이나 본인만의 페스티벌 관람 유형이 형성된다. 이들은 라인업을 보지도 않고 개최 공지가 떴을 때부터 블라인드 티켓을 예매하기도 한다. 하지만 아직 페스티벌에 가본 적 없는 초심자라면 어떤 페스티벌에 가야 할지, 어떤 페스티벌이 나와 잘 맞을지 감이 잡히지 않을 수 있다. 이럴 때는 라인업을 보고 좋아하는 아티스트가 출연하는 페스티벌, 보고 싶은 아티스트가 많이 나오는 페스티벌로 하나둘씩 시작해보자.

　라인업은 당대 음악과 페스티벌 트렌드를 반영하는 지표이기도 하다. 2009년, 오아시스가 헤드라이너로 왔던 '지산 밸리 록 페스티벌*'을 시작으로 대기업의 자본이 투입되며 대형 '락 페스티벌'이 다섯 개나 열려 '락페 춘추전국시대'라 불리던 때도 있었다. 하지만 지나친 출혈 경쟁과 전 세계적인 EDM 열풍으로 인해 락페는 내리막길을 걷기 시작했다. 그 무렵 EDM 페스티벌이 우후죽순 생겨났고, 공원이나 섬에서 열리는 피크닉 형태의 종합 장르 뮤직 페스티벌도 점점 인기를 얻었다.

*지산 밸리 록 페스티벌은 2009년부터 개최되었다가 2017년을 마지막으로 더이상 열리지 않고 있다.

이때까지도 뮤직 페스티벌은 상대적으로 음악에 관심이 많은 마니아들이 가는 곳이었다. 그러다 팬데믹이 종식된 2022년을 기점으로 대중의 관심이 페스티벌에 집중되면서 장르를 불문하고 뮤직 페스티벌의 수요가 넘치기 시작했다. 이에 상대적으로 약소했던 락 페스티벌도 다시 흥하는 추세다.

좋은 라인업이 무엇인지에 관해서는 절대적인 정의를 내릴 수 없다. 누군가는 유명한 아티스트가 많이 출연하는 화려한 라인업을 최고로 여길 수 있고, 누군가는 인지도보다는 확실한 개성과 정체성으로 큐레이션된 라인업을 좋아할 수도 있다. 얕고 넓게 대중성을 반영한 라인업이 입맛에 맞는 사람이 있는가 하면, 깊고 좁게 마니아의 취향을 저격하는 라인업이 마음에 드는 사람도 있을 것이다. 내가 생각하는 좋은 라인업이란 무엇인지 여러 페스티벌을 다니며 자신만의 기준을 다져보자.

♩ 샛별 _ 어떤 해외 뮤지션이 출연할지 가늠하려면 비슷한 시기에 아시아 투어가 예정된 뮤지션이나, 일본, 홍콩, 동남아, 호주 등 주변 국가의 페스티벌 라인업을 살펴보세요. 해외 페스티벌은 라인업 발표가 빠르고, 국내 페스티벌에도 높은 확률로 비슷한 뮤지션이 섭외되기에 대략적인 라인업을 예상해 볼 수 있습니다. 행복 회로 맘껏 돌려봅시다!

♪ 하이린 _ '내가 좋아하는 아티스트로만 꾸린 망상 라인업'을 그려보는 것도 덕후에게는 재밌는 일이죠! 예전에는 라인업에 요구와 불평이 많았던 시기가 있는데, 요즘은 페스티벌의 수익 및 존속과 관련된 현실적인 문제라는 생각에 말을 아끼게 되는 것 같아요.

❸ 티켓

페스티벌 티켓은 기간과 유형에 따라 종류가 다양하다. 여기서는 티켓 권종별 차이를 소개한다.

일반 티켓

국내 페스티벌은 대부분 주말 이틀 동안 개최한다. 이에 하루만 입장할 수 있는 1일권과 전체 일정을 즐길 수 있는 양일권으로 나뉜다. 3일 간 열리는 페스티벌엔 3일권이 있고, 금·토 혹은 토·일 입장이 가능한 2일권 옵션도 있다.

프리미엄 티켓

일반 티켓보다 비싼 가격을 지불해 추가 혜택을 받을 수 있는 티켓이다. 프리미엄 전용 관람 구역, 대기줄 프리 패스, 특별 굿즈, 별도 휴식공간, 아티스트 밋앤그릿* 같은 혜택이 있다. 해외 페스티벌에서 흔히 볼 수 있으며 국내에도 점차 도입되는 추세다.

*Meet & Greet. 아티스트를 직접 만날 수 있는 팬미팅 이벤트

캠핑권

캠핑이 가능한 페스티벌은 캠핑권을 따로 구매해야 페스티벌 내 캠핑존을 이용할 수 있다. 페스티벌에 따라 텐트가 미리 설치된 글램핑 옵션이나 캠핑카를

주차할 수 있는 주차권을 판매하기도 한다. 캠핑 사이트만 예약할 경우에는 텐트나 침낭 등 개인 장비를 챙겨야 한다.

❹ 예매

티켓은 예매 시점에 따라 구매 가격이 달라진다. 어차피 갈 거라면 조금이라도 저렴하게 구매해야 페스티벌 현장에서 맥주 한 잔이라도 더 마실 수 있다. 예매 시점에 따라 가격이 어떻게 달라지는지 알아보자.

블라인드 예매

라인업이 공개되기 전에 판매되는 티켓이다. 꾸준하게 매년 개최되는 페스티벌이 블라인드 티켓을 오픈한다. 그동안의 라인업 퀄리티가 어느 정도 보장되었기에 이를 믿고 구매하는 관객, 혹은 라인업 상관없이 해당 페스티벌이 좋아서 가는 관객들이 블라인드를 예매한다. 라인업 발표 전에 판매하는 티켓인 만큼 정가 대비 가장 저렴한 가격이며, 한정 수량이라 빠르게 매진되는 경우가 많다. 보통 2일권이나 3일권 등 페스티벌의 전체 일정을 소화하는 티켓만 판매된다.

얼리버드 예매

1차 라인업 발표 이후 판매되는 티켓이다. 블라인드 티켓과 마찬가지로 주로 2일권이나 3일권만 판매되며, 일정 기간 동안 한정 수량으로 판매된다. 추가 라인업을 발표할 때마다 2차·3차 얼리버드를 판매하는 곳도 있고, 라인업 발표와 상관없이 기간이나 수량별 가격 차를 두는 곳도 있다. 티켓을 할인가로 구매할 수 있는 마지막 기회이므로, 티켓 값을 조금이라도 아끼고 싶다면 페스티벌에 갈 수 있을지 확실하지 않아도 일단 얼리버드를 예매해두자.

일반 예매

라인업이 모두 발표된 상태에서 정가로 판매하는 티켓이다. 가장 많은 관객이 이때 예매한다. 블라인드나 얼리버드와 달리 1일권·2일권·3일권 등 모든 옵션을 선택해 구매할 수 있다. 정가 판매이지만 지역주민 여부, 연령대, 카드사 제휴

등에 따른 할인 혜택이 있으니 본인에게 적용되는 항목이 있는지 확인해보자.

현장 판매

온라인 예매는 페스티벌 개최 하루 이틀 전 마감되며, 현장에서는 잔여 티켓에 한해 정가로 판매한다. 온라인 예매에서 티켓이 매진될 때도 있는데, 매진되면 현장 판매는 진행하지 않는다.

♪ 샛별_ 매년 가는 페스티벌은 무조건 블라인드 티켓을 예매해요. 가본 적 없는 페스티벌이라면 역대 라인업을 참고하고, 처음 개최하는 페스티벌은 발표되는 라인업을 지켜보다가 예매한답니다.

♪ 하이린_ 락페를 제외하고는 웬만하면 라인업이 뜬 뒤 일반 예매로 구매하는 것 같아요. 라인업을 알고 예매해야 마음이 놓이더라고요. 그러다 생각보다 라인업이 좋으면 '아, 얼리버드로 예매할걸'이라고 후회하는 일을 약 10년째 반복하고 있네요.

❺ 교통편

대중교통

지하철, 버스, 택시 등 도심에서 열리는 페스티벌에 갈 때 많이 이용하는 수단이다. 지하철은 운행 시간이 철저해 예상 시간에 맞춰 도착할 수 있다. 수용 인원이 많고, 양손 한가득 짐을 들었을 때도 수월하게 탑승할 수 있다. 버스와 택시는 도로 교통 상황에 따른 변수가 많다. 특히 행사장에 가까워질수록 정체될 확률이 높기 때문에 예상 도착 시간을 보장하기 어렵다. 버스는 탑승 인원이 몰리면 한 번에 탈 수 없는 경우가 생기도 한다. 특히 페스티벌이 끝나고 귀가하는 시점에는 한꺼번에 수많은 관객이 쏟아져 나오기 때문에 몇 대를 그냥 보내야 할 때도 있다. 택시는 페스티벌에 갈 때는 문제 없지만, 페스티벌이 끝나고 집으로 돌아 갈 때는 택시 대란이 일어난다. 어디까지 얼마라는 식으로 비싼 요금을 부를 때도 있다.

셔틀버스

페스티벌에서 자체적으로 운영하거나, 꽃가마·카카오 T 등 민간 업체가 대행해 운영하는 셔틀버스다. 주로 수도권 외곽이나 지방에서 열리는 페스티벌에서 운영되며, 행사장까지 데려다준다. 페스티벌이 끝난 뒤에도 현장에서 바로 탑승해 앉은 채로 편하게 갈 수 있다. 셔틀버스 이용자끼리 실시간으로 정보를 공유하고 소통할 수 있도록 단체 채팅방을 개설하기도 한다.

· **장거리 셔틀버스** : 수요에 따라 전국 주요 지역에서 집결해 행사장까지 이동한다. 집결지는 크게 수도권과 전국 단위로 나뉘며, 유료로 운영된다. 수요에 따라 집결지 개수가 상이한데, 수요가 충분하지 않으면 노선이 줄어들기도 한다.

· **단거리 셔틀버스** : 행사장 근처의 대중교통 정류장에서 행사장까지 왕복 운행되는 버스. 역에서 행사장까지

걸어가기엔 멀지만, 이용할 수 있는 대중교통 노선이 없을 때 무료로 운영된다. 이동 시간이 10분 내외로 짧으며 하루 종일 순환 운행한다.

승용차

자가용이나 공유 차량으로 원하는 시간과 장소에 맞춰 편하게 이동할 수 있다. 일행과 많은 짐을 싣고 한 번에 이동할 수 있으며, 음악을 크게 틀고 신나게 떠들 수 있다. 단, 운전자는 페스티벌에서 술을 마실 수 없다는 것이 크나큰 단점이다. 현장에서 헤매지 않도록 행사장 인근에 주차할 곳을 미리 확인하는 것이 좋다.

♪ 하이린_ 대중교통 타고 페스티벌에 가면 역에 거의 다 왔을 때부터 '누가 봐도 페스티벌 가는 사람들'로 가득 차서 재밌더라고요. 초행길이라도 관객으로 추정되는 무리만 따라가면 문제없습니다. 일단 역 근처에 도착한 뒤, 사람들의 흐름에 몸을 맡겨 보세요.

♪ 다람쥐_ 제주로 이주한 다음부터는 페스티벌 가는 길이 멀고 험난해졌어요. 특히 공항에서 페스티벌 사이트까지 찾아가는 게 만만치 않더라고요. 전국 각지의 음악 팬들을 위해 다양한 셔틀버스 노선이 확보됐으면 하는 바람입니다.

❻ 숙소

페스티벌이 개최되는 장소가 집에서 멀다면 숙소 예약을 고려해 볼 만하다. 현장까지 오가는 시간과 체력을 절약하는 것은 물론이고 첫 공연이나 마지막 공연을 여유롭게 볼 수 있다. 호텔, 게스트하우스, 찜질방 등 다양한 선택지 중에 본인의 기호와 여건에 맞게 고르면 된다. 페스티벌 개최지 근처에 친구나 친척이 산다면 지인 찬스를 이용하는 방법도 있다.

숙소를 어디에 잡느냐에 따라 페스티벌을 즐길 수 있는 컨디션이 좌우된다. 당연히 행사장과 가까울수록 좋지만 가까운 정도에 비례해 가격도 올라간다는 점을 참고하자. 도보권에 위치한 숙소는 언제든 편하게 오갈 수 있다. 자가용이나 대중교통으로 금방 갈 수 있다면 조금 떨어져 있어도 괜찮다. 다만, 숙소까지 20분 이상이 걸린다면 고민해 보길 바란다.

행사장과 가까운 숙소는 페스티벌 일정이 뜨자마자 빠른 속도로 예약이 차기 시작한다. 페스티벌 준비에 발 빠른 덕후가 제법 많기 때문에 숙박 여부가 확실하다면 최대한 빨리 예약하는 것이 좋다. 우선 예약해두고 나중에 파티원을 모집하는 것도 방법이다.

호텔

가장 큰 비용으로 가장 편하게 쉴 수 있는 곳. 조식이 제공되어 든든한 상태로 페스티벌 관람을 시작할 수 있다. 스파가 있는 호텔이라면 피로회복에도 도움이 된다. 다만 호텔이 페스티벌 근처가 아닐 확률이 높으니 위치와 이동 경로를 꼼꼼히 살펴봐야 한다.

모텔

호텔에 비해 부담 없는 가격으로 묵을 수 있다. 씻고 잠만 자는 목적으로 쓴다면 모텔도 충분하다. 모텔마다 컨디션이 제각각이라 잠자리에 예민하다면 후기를 자세히 읽어보길 바란다.

에어비앤비

집 한 채를 통째로 쓰는 경우가 많고, 일반 가정집 형태라 머물기 편하다. 크기에 따라 다수의 인원을 수용해 숙소에서 뒤풀이도 마음껏 할 수 있다. 세탁기, 건조기가 있는 곳에서는 땀이나 비에 젖은 옷을 세탁할 수도 있다.

펜션

페스티벌이 관광지에서 열린다면 주변에 가장 많은 게 펜션이다. 대학교 엠티와 비슷한 분위기로, 엠티 갈 때처럼 각종 음식 및 주류를 챙겨가면 페스티벌 전후로 풍족하게 즐길 수 있다.

게스트하우스

방 하나를 혼자 빌리는 것이 금전적으로 부담스러울 경우 선택하는 숙소 유형. 한 방에 여러 명 묵을 수 있는 다인실이 있어 비교적 저렴한 편이며, 같은 페스티벌을 보러 온 사람을 만날 확률이 높다. 마음 맞는 사람을 만난다면 남은 페스티벌 일정을 함께하는 행운이 생길지도.

찜질방

가장 저렴하게 하룻밤을 보낼 수 있는 방법이다. 목적에 충실하게 몸을 씻고 잠을 잘 수 있다. 다만 잠귀가 밝다면 추천하지 않는다. 바닥이 딱딱하고 잠자리가 불편해서 자고 일어나도 다음 날 체력 배터리가 100% 충전되지 않을 수 있다.

친구 집 혹은 친척 집

본인의 인맥을 확인해 볼 수 있는 기회다. 하룻밤 신세 지는 대신, 센스 있게 선물을 준비하거나 식사 한 끼 정도는 대접하자. 친척 집이라면 숙박비 절약은 물론이고 용돈까지 받을지 모르니 평소 어른들에게 안부 인사를 부지런히 해두자.

캠핑

캠핑형 페스티벌이라면 야영도 방법이다. 페스티벌 현장에서 가장 가까운 숙소라는 장점이 있고, 텐트 안에서도 음악 소리를 들으며 페스티벌 분위기에 제대로 취할 수 있다. 다만 씻기가 불편하고 전기를 쓸 수 없어 강제로 디지털 디톡스를 하게 된다. 날씨의 영향을 직접적으로 받기에 고생길이 열릴지도 모른다. 이렇게 불편하고 힘든 캠핑을 선택한 이들 사이에서는 전우애 같은 소속감이 생긴다. 서로 도와주며 생존 안부를 묻다 보면 어느새 친해져 공연도 같이 보고 뒤풀이도 하는 우정이 싹트기도 한다. 텐트는 캠핑 구역에 이미 설치되어 있거나 대여해주는 시스템이 있다. 캠핑에 필요한 모든 물품을 관객이 직접 챙겨야 할 때도 있다. 페스티벌에 가는 목적과 본인의 능력치를 고려해 시도하길 바란다.

기타

페스티벌에서 옹기종기 모여 기타 치고 노래 부르는 낭만이 있던 시절, 노숙이나 차박을 하는 사람들도 심심치 않게 볼 수 있었다. 남는 거라곤 체력뿐이었던 젊은 시절의 혈기, 느슨했던 시대적 분위기가 맞아 가능했던 일이다. 이제는 역사의 뒤안길로 사라진 문화가 되었다.

♪ 샛별 _ 저는 친구들과 함께 묵을 수 있는 숙소를 선호해요. 페스티벌 끝나고 숙소로 돌아와 시원한 맥주 한 잔 들이켜며 떠드는 뒤풀이가 기다리거든요. 같은 페스티벌에서도 각자 봤던 공연이 다르고, 같은 공연을 봐도 감상이 달라 서로의 이야기를 나누는 자리가 재밌고 소중해요.

♪ 다람쥐 _ 펜타에서 친구의 친구들과 숙소를 나눠 썼던 적이 있어요. 처음 만났지만 이전에 다녀왔던 페스티벌, 좋아하는 밴드 이야기를 하다 보니 금방 친해지더라고요. 역시 음악 좋아하는 사람들은 다 친구!

❼ 준비물

 페스티벌도 여행처럼 개인의 성향에 따라 준비물을 챙기는 정도가 다르다. 어떤 사람은 만일의 사태까지 대비해 보부상처럼 짐을 싸기도 하고, 어떤 사람은 휴대폰과 카드, 신분증만 챙기기도 한다. 숙박을 하거나 캠핑을 하면 준비물이 더해지기도 하는데, 여기서는 가장 기본적인 준비물과 알아두면 도움이 될만한 아이템들을 안내하고자 한다.

1단계: 가장 기본적인 준비물

· **신분증** : 현장에서 티켓을 수령하거나 모바일 티켓으로 입장 팔찌를 교환할 때 본인 확인을 진행한다. 불법 양도를 방지하기 위함이다. 주류 구입을 위한 성인 인증에도 필요하다.

· **보조배터리** : 햇빛이 강한 야외에서 화면 밝기를 높이고 하루 종일 사진과 영상을 찍다 보면 배터리가 금방 닳는다. 깜빡했다면 페스티벌 안에 마련된 보조배터리 대여 서비스를 이용하자.

· **물** : 땀을 많이 흘리는 페스티벌에서 물은 필수다. 현장에서도 살 수 있지만, 편의점 가격 기준 2~3배 비싸게 판매된다. 계산할 때 긴 줄을 서는 번거로움을 피하려면 생수 한두 병 정도는 미리 사 가는 것도 추천한다. 외부 음식물 반입을 금지하는 페스티벌에서도 500ml 생수병은 허용된다. 단, 뚜껑이 한 번 개봉된 생수병은 주류·약물 반입의 우려로 제한될 수 있으니 유의할 것. 반입 수량이 정해져 있는 곳도 있으니 공지사항을 확인하자.

· **가방** : 힙색이나 스트링백을 하나 마련해 두면 페스티벌마다 요긴하게 사용할 수 있다. 페스티벌 굿즈로 판매되거나 이벤트 부스에서 나눠주기도 하는데, 필요한 최소한의 준비물만 담을 수 있고 몸에 착 달라붙어 뛰어놀 때 옆 사람에게 피해를 주지 않는다.

· **티켓 !!!!!!!!!!!!!!!!!!!!!**
아무리 강조해도 지나치지 않다. '설마 티켓을 안 가져오는 사람이 있어?'라고 생각할지 모르지만, 그런 일이 실제로 일어난다. 방심하지 말자.

♪ **샛별** _ 다른 준비물은 다 챙기고 티켓을 놓치는 경우가 종종 있더라고요. 실제로 페스티벌 현장까지 와서 티켓을 안 가져온 걸 깨닫고 집에 다녀오는 지인을 여러 명 봤습니다. 그렇게 공연 몇 시간 날렸다는 아찔한 후기

2단계: 이것도 챙기면 좋을 지도?

- **모자** : 햇빛으로부터 정수리와 얼굴을 한 번에 보호할 수 있는 방법이다. 모자는 챙이 넓은 버킷햇을 추천한다.

- **종이비누, 손 세정제** : 야외 페스티벌에 설치된 임시 화장실은 대부분 이동식 컨테이너 화장실이다. 세면대에 비누가 없거나 물이 잘 나오지 않을 때도 종종 있기에 손을 깨끗하게 씻을 수 있는 아이템을 챙겨가면 유용하다.

- **슬로건** : 슬로건은 휘뚜루마뚜루 쓸 수 있는 다용도 아이템이다. 머리에 걸쳐두면 햇빛을 가리는 모자처럼 사용할 수 있고, 땀을 닦는 수건으로도 쓸 수 있다. 분위기가 고조될 땐 슬로건을 들고 흔들기도 한다. 아티스트 굿즈로 만들어진 슬로건이라면 좋아하는 아티스트를 티 낼 수 있다.

- **에너지바, 간식** : 급격하게 체력이 떨어지고 허기질 때 요긴하다. 크기 대비 열량이 높은 에너지바를 준비하면 소지하기에도 편하다. 단, 초콜릿처럼 녹을 수 있는 간식은 조심하자.

- **도시락** : 일회용기에 포장된 외부 음식물은 반입이 어렵지만, 다회용기에 담은 도시락은 대부분 허용된다. 현장에서 파는 음식은 페스티벌 물가가 적용돼 가성비가 좋지 않으니 특별히 먹고 싶은 메뉴가 있다면 도시락을 싸가는 것도 괜찮은 방법이다. 다만 한여름엔 음식이 상할 수 있으니 주의하자.

♪ **하이린** _ 비타민을 챙겨가면 간식으로는 보충되지 않는 에너지를 수혈할 수 있어요. 페스티벌에 갈 때는 있는 체력, 없는 체력 모두 긁어모아야 하거든요. 요즘은 작은 사이즈로 나오는 것도 많아서 짐을 챙길 때 부담되지 않고, 여유 있게 챙겨가면 친구들과 한두 개씩 나눠 먹기도 좋아요.

3단계: 계절과 유형에 따라

· **여름 페스티벌** : 자외선을 차단하기 위한 선글라스, 선크림, 팔토시, 양산 등을 취향에 맞게 챙기자. 더위와 싸우기 위한 얼음물, 쿨패치, 쿨타월, 보냉 가방, 손풍기 등은 옵션이다. 비가 올 것이 예상된다면 우비나 우산을 미리 가져가자. 단, 우산은 공연 볼 때 무대 앞에서는 쓸 수 없다.

· **봄, 가을 페스티벌** : 낮에는 덥지만 해가 지면 쌀쌀하므로 일교차를 대비해 카디건이나 바람막이 등 가벼운 외투를 챙기자. 앉아서 관람한다면 추위를 더 많이 탈 수 있으므로 핫팩이나 담요를 챙겨도 좋다.

· **피크닉형 페스티벌** : 돗자리, 그라운드 체어, 피크닉 테이블 등이 있으면 좀 더 편하고 여유롭게 즐길 수 있다. 여기에 플라스틱 와인 잔이나 무드 등처럼 간단하지만 기분 내기 좋은 아이템까지 챙기면 금상첨화.

· **실내형 페스티벌** : 물품 보관함을 이용할 예정이라면 현금이나 동전을 미리 준비해 가자.

♪ **다람쥐** _ 이것저것 필요할 것 같아서 다 챙기다 보면 자리를 이동할 때마다 무겁고 번거롭더라고요. 있으면 좋지만 없어도 무방한 아이템은 본인의 공연 관람 유형에 따라 선택과 집중을 하는 게 좋습니다.

4단계: 캠핑을 하게 된다면

· **텐트** : 캠핑에 가장 중요한 집 역할을 한다. 캠핑 가능한 페스티벌이 대부분 여름에 열리므로, 가벼운 삼계절 텐트를 추천한다. 봄가을의 쌀쌀한 밤 날씨에도 충분하다.

· **그라운드시트(방수포)** : 땅에서 올라오는 한기와 습기를 차단해 준다. 방수포를 깔지 않은 상태로 텐트를 치고 자면, 뽀송했던 옷가지들이 다음 날 축축하게 젖어있을지도 모른다. 캠핑 전용 시트가 없어도 습기를 막아줄 수 있는 재질이라면 비닐도 괜찮다.

· **침낭** : 일교차가 클 때는 새벽에 꽤 추울 수 있으므로 침낭이 필요하다. 침낭은 추위에 도움이 될 뿐만 아니라 심리적 안정감도 준다. 참고로 추위에 집중적으로 대비할 때는 두꺼운 침낭을 사용하는 것보다는 매트를 깔아 한기를 차단하는 것이 훨씬 효과적이다.

· **캠핑매트** : 울퉁불퉁하거나 딱딱한 바닥에서도 편히 잘 수 있게 도와준다. 스티로폼 같은 발포형과 직접 공기를 불어넣는 에어형이 있다. 캠핑용이 아니더라도 집에 있는 물놀이용 에어매트나 요가 매트를 써도 괜찮다.

· **여벌옷** : 봄가을에는 일교차가 크고 해가 지면 꽤 쌀쌀하므로 경량 패딩이나 내복, 털 모자, 수면 양말 등 각자 추위를 타는 정도에 맞게 의류를 준비하는 것이 좋다. 여름에도 한밤중이나 수면 중에는 체온이 내려가기에 긴팔이나 외투 정도는 필요할 수 있다. 페스티벌에서 놀다 보면 옷이 젖거나 더러워질 수 있으니 여분의 겉옷과 속옷, 양말도 넉넉히 챙기자.

· **기타** : 텐트에서 잠시 나갈 때 신기 편한 슬리퍼, 씻기 어려운 상황에서 쓸 드라이 샴푸, 일반 수건 대신 부피가 작고 잘 마르는 스포츠 타월도 챙기면 편하다.

♪ 샛별 _ 캠핑을 처음 했을 때는 텐트만 덩그러니 설치했다가 바닥에서 올라오는 한기와 습기를 그대로 느낀 적이 있습니다. 챙겨왔던 여벌옷들이 축축해졌는데, 흐린 날씨에 제대로 마르지 않은 옷을 입어야만 했던 꿉꿉한 기억이 있네요. 이후로는 집에 있던 김장 비닐을 깔아봤는데, 훨씬 괜찮더라고요.

❽ 옷차림

굿즈 장착 덕후

뮤직 페스티벌에 걸맞게 음악 관련 굿즈를 입고 가는 유형으로, 페스티벌 굿즈와 아티스트 굿즈로 나뉜다. 간단하게 티셔츠만 입는 레벨에서부터 가방, 슬로건, 모자, 손목밴드, 키링 등 굿즈로 휘감아 전방 100m 에서부터 심상치 않은 아우라를 자랑하는 레벨까지 스펙트럼이 다양하다.

페스티벌 굿즈는 같은 페스티벌에 방문 경험이 있는 관객들이 이전에 구입했던 티셔츠를 입고 오는 것이다. 다른 페스티벌 굿즈를 입고 오는 경우도 심심찮게 발견되는데, 페스티벌 좀 다녀본 고수라는 인상을 심어줄 수 있다. 돌아다니며 세계 각지의 페스티벌 티셔츠, 전설로만 전해지는 옛날 옛적 페스티벌 슬로건 등을 구경하는 재미도 쏠쏠하다.

아티스트 굿즈 착용은 '이 아티스트를 보러 왔다'라고 적극적으로 드러내며 특정 아티스트를 응원할 수 있는 방법이다. 굿즈를 착용한 팬들의 수로 아티스트의 인기를 실감하기도 한다. 스탠딩존에서 같은 아티스트 굿즈를 착용한 사람과 마주친다면 마음속으로 하이파이브를 날리며 내적 친밀감을 느낄 수 있다. 아티스트 굿즈를 착용했다면 기본적인 예의를 지키는 데 조금 더 신경 쓰도록 하자. 다른 아티스트 무대에 무안할 정도로 호응하지 않거나 매너 없이 행동할 경우 내가 좋아하는 아티스트와 속한 팬덤까지 부정적인 시선을 받을 수 있기 때문이다.

♩ **샛별** _ 티셔츠만큼은 꼭 음악 관련 굿즈를 입어요. 일상과 달리 반갑게 알아봐 주는 사람이 많고, 자연스럽게 관련 이야기도 나눌 수 있거든요. 스포츠 경기장에서 응원하는 팀의 유니폼을 입는 것처럼 페스티벌에서도 사람들이 입은 티셔츠로 좋아하는 밴드를 엿볼 수 있는 것도 재미있고요.

♪ **하이린** _ 저는 출연 아티스트의 굿즈를 입고 가는 편이에요. 정말 좋아하거나 보고 싶었던 밴드가 출연할 땐 최소 한두 달 전부터 어떤 옷을 입고 갈지 정해요. 해외 아티스트의 공식 굿즈는 해외 배송에 소요되는 시간까지 고려해야 하거든요.

패셔니스타

특별한 날인만큼, 한껏 꾸민 패션으로 자신만의 개성을 적극 표출하는 유형이다. 이들의 신조는 '남는 게 사진'. 페스티벌 곳곳에 위치한 다양한 포토존, 포토부스를 섭렵하며 부지런히 인증 사진을 남긴다. 포토존 앞 만리장성처럼 기나긴 대기 줄도 마다하지 않는다. 필사적으로 공연을 관람하기보다는 페스티벌의 전체적인 분위기를 즐기며, 스탠딩존에서 격렬하게 뛰어놀기보다는 적당히 리듬을 타거나 돗자리 존에 앉아 공연을 관람하는 경우가 많다.

젊은 관객이 많고 트렌디한 페스티벌일수록 패셔니스타 관객 비중이 높은 경향을 보인다. 패션 매거진이 페스티벌 스폰서로 입점하는 경우, 스타일링이 눈에 띄는 관객을 섭외해 인터뷰를 하기도 한다.

페스티벌 경력자보다는 초심자의 비중이 높은 유형이기도 하다. 페스티벌에서 겪을 수 있는 고생을 구체적으로 예상하지 못해 발에 물집이 잡히거나, 피부에 화상을 입는 경우도 있다. 페스티벌을 다니며 시행착오를 겪을수록 패션은 내려놓거나, 편리함과 패션 둘 다 챙길 수 있도록 자신에게 맞는 방향으로 타협하고 조정하는 양상을 보인다.

♪ **바리**_ 페스티벌에 다닌 지 얼마 안 됐을 땐 일상이나 회사에서 입을 수 없는 화끈한 옷을 입고 오는 사람들이 패셔니스타라고 생각했는데, 이제는 해외 밴드 굿즈나 옛날 락페 굿즈를 입은 사람들이 더 패셔니스타같이 느껴지곤 해요.

관람 최적화 모드

 공연을 관람하기에 최적화 된 옷차림으로, 최대한 간편한 의상으로 꾸밈없이 오는 유형이다. 햇빛을 철저하게 가린다거나 하루 종일 편하게 뛰어놀기 위한 특정 목적에 초점이 맞춰져 있다. 대체로 오랫동안 페스티벌을 다니며 다양한 시도 끝에 최종적으로 이 패션에 정착한 경력자들이 많다. 이들 중에는 초창기에 패셔니스타 유형을 거쳤다가 연차가 쌓이며 관람 최적화 모드로 자연스레 전환된 경우도 많다.

 이 유형은 의상이 간소한 만큼 준비물도 크게 챙기지 않는다. 생존에 필요한 최소한의 물품만

챙긴다. 빈손으로 왔다 빈손으로 돌아가는 유랑자와 같으며, 옷차림과 움직임 모두 집 앞 편의점에 나온 것처럼 가볍고 편안하다. 공연만 보면서 내일이 없는 것처럼 원 없이 놀거나, 보고 싶은 공연을 모두 봤다면 마지막까지 남아있지 않고 미련 없이 퇴장하기도 한다.

♪ 하이린 _ 얼핏 보면 무심한 옷차림인 것 같지만, 멋을 부리지 않았을 뿐 기능적인 면에서는 꼼꼼하게 신경 썼다는 점이 포인트입니다. 너무 부족하지도, 넘치지도 않는 적정 수준으로 기능성 패션을 챙길 줄 아는 관객은 노련해 보이더라고요.

@about_hwang님의 사연을 바탕으로 그린 만화입니다.

장르 맞춤형 패션

누가 봐도 특정 음악 장르의 열성적인 팬임을 알 수 있는 패션으로 머리부터 발끝까지 무장한 유형이다. 페스티벌의 콘셉트나 장르 색깔이 뚜렷할수록 이 유형의 비중도 높아진다. 마이너한 장르일수록 보기 드물기 때문에 이들이 페스티벌에 나타나면 꽤나 큰 존재감을 발산한다.

락페에서는 밴드 로고가 적힌 티셔츠, 자수 패치를 붙인 배틀 재킷, 가죽 재킷, 체인 장식구를 더한 패션이 대표적이다. 힙합 페스티벌이라면 스트리트 브랜드, 스냅백, 오버사이즈 후드 등을 활용한 올드스쿨 힙합 패션이 될 수도 있다.

코스프레

일상에서 선보일 수 없었던 코스튬을 입고 오는 유형이다. 애니메이션, 게임, 영화 캐릭터는 물론 유명 뮤지션의 인상착의나 뮤직비디오 소품을 패러디하기도 한다. 락 페스티벌과 EDM 페스티벌에서 많이 볼 수 있다.

코스프레 관객은 화려하고 튀는 모습으로 모두의 시선을 집중시킨다. 다른 관객과 함께 사진을 찍어주며 스스로 이동하는 비공식 포토존이 되고, 때로는 페스티벌 공식 계정에 사진이 게시되어 화제가 된다. 그러다 여러 페스티벌에서 반복적으로 발견되면 서서히 입소문을 타면서 아는 사람은 다 아는 아이콘이 되기도 한다.

대개는 일행과 함께 코스프레를 준비한다. 친구와 함께할 때 머릿수에 맞춰 콘셉트를 짤 수 있고 부끄러움이 감소되기 때문이다. 사실 코스튬을 구하는 것부터가 쉽지 않은데, 더운 날씨에도 불편하고 무거운

우유곽을 비롯한 각종 인형탈

'무더위에 괜찮으실까'

코스프레 의상을 입어 모두의 즐거움을 위하는 게 대단하다고 할 수 있다. 타인의 관심과 시선을 즐기며 용기가 있는 사람이라면 시도해 볼 만하다.

　장르 맞춤형 패션과 코스프레는 페스티벌에 오가는 대중교통과 길거리에서는 사람들의 시선을 한 몸에 받을 수 있다는 부담도 따른다. 하지만 아무렴 어떠랴. 페스티벌이 좋아하는 음악에 몰입하며 관성적인 일상에서 벗어나는 일탈 경험임을 감안한다면, 그 성격에 충실한 옷차림이라고 볼 수 있겠다.

❾ 일행

　친구, 연인, 가족 등 일행이 있다면 앞서 이야기했던 티켓 예매부터 교통, 숙박을 함께 준비하면 된다. 페스티벌에 가서는 어떤 공연을 보고 싶고 어떻게 돌아다닐지 동선을 맞춘다. 내가 좋아하는 아티스트와 친구가 좋아하는 아티스트가 함께 출연한다면 더더욱 같이 가는 재미가 생긴다. 보고 싶은 무대가 다르다면 잠시 흩어져 개인플레이를 즐기는 것도 괜찮다. 친구는 언제든지 다시 만날 수 있지만 한 번 지나간 공연은 다시 볼 수 없기 때문이다. 가족들과 가는 경우도 있다. 부모님과 간다면 무리하지 않고 돗자리존에 자리 잡아 편안하게 즐기는 것도 좋겠다.

　주변에 음악 취향이 비슷하거나 페스티벌에 같이 갈 만한 사람이 있다면 더할 나위 없겠지만 현실은 녹록지 않다. 티켓팅할 땐 그렇게도 붐비던 덕후들이 어째서인지 내 주변에는 없다. '음악 좋아하는 사람'으로 범위를 넓히면 해당되는 사람이 있을 수 있지만 내가 가고 싶은 페스티벌에 10만 원 이상 지불하며 같이 갈 사람이 있을 확률이 높지만은 않다. 마땅한 일행이 없다면 직접 나서서 구해보는 방법도 있다.

온라인에서 구하기

소셜 미디어와 커뮤니티 등 취향 동지가 많은 온라인에서 일행을 찾는 방법이다. 낯을 많이 가리는 사람이라면 처음 만난 사람과 페스티벌에 가는 것이 망설여지겠지만, 공통 관심사를 기반으로 만나기 때문에 심리적 거리감이 금방 줄어들 수도 있다. 운이 좋다면 성향이 잘 맞는 '덕메*'를 만나 이후로도 페스티벌과 공연을 함께 보러 다닐 수 있을지 모른다. 이를 위해서는 사전에 성별, 연령대, 음악 취향, 관람 성향 등 기본적인 정보를 공유하고 만나는 것이 좋다.

*덕질 메이트

· **카카오톡 오픈 채팅방** : 오픈 채팅에 가고자 하는 페스티벌 이름을 검색하면 정보를 공유하고 일행을 구하는 채팅방을 발견할 수 있다.

· **네이버 카페** : 2008년 개설되어 약 12,000명의 가입자를 보유한 유서 깊은 카페 '페스티벌라이즈드**'에서는 다년간 국내외 페스티벌을 누빈 경력자와 숨은 고수가 다수 활동하며 유용한 팁을 전수해 준다. 현재까지도 하루 평균 방문자 수가 1,000명 이상 유지되며, 페스티벌 성수기엔 게시물이 더욱 활발하게 올라온다. 덕후가 많이 모인 곳이기에 비교적 수월하게 일행을 구할 수 있다.

**Festivalized

· **아티스트 팬카페** : 좋아하는 아티스트가 나오는 페스티벌이라면 해당 아티스트의 팬카페에 들어가 보자. 팬카페에서 만난 사람은 초면이라도 아티스트에 대한 애정을 공유하며 빠르게 친해질 수 있다.

· **트위터** : 좋아하는 장르나 아티스트 이름을 넣고 '트친소***'라는 키워드와 함께 검색하면 비슷한 취향의 온라인 친구를 구하는 게시물을 많이 발견할 수 있다. 그중에서 함께 페스티벌에 갈 사람을 찾아보는 것을 추천한다. 동행을 구하는 게시물을 직접 작성하거나, 게시물 검색을 통해 이미 일행을 구하고 있는 사람을 찾아 연락을 취하는 방법도 있다.

· **페스티벌 라이프** : 공연 덕후들이 알려주는 공연 및 페스티벌 정보 커뮤니티. 개인의 음악 취향과 관람 성향을 고려해 일행을 매칭해주는 프로그램을 운영한다. 주변에 음악 이야기를 나눌 기회가 없는 사람들을 위한 오프라인 모임도 주최하고 있으니, 여기서 자연스럽게 일행을 찾는 방법도 있다.

♪ **샛별**_저도 학창 시절에는 페스티벌에 함께할 친구가 없어 팬카페에서 사람들을 만났어요. 내한 공연 뒤풀이나 정모에 참석하면서 마음 맞는 사람들과 친해졌고, 그렇게 친구의 친구를 사귀면서 관계를 넓혀왔죠. 지금은 해외 페스티벌도 같이 가고 경조사까지 챙길 정도로 막역한 사이가 되었답니다. 제가 겪은 좋은 사례와 경험을 다른 분들도 누렸으면 하는 마음에 *페스티벌 라이프*에서 일행 매칭 모임을 시작하게 됐어요.

***트위터 친구를 소개합니다

2012년 지산 록 페스티벌 동행이었던 언니를 찾아요!

@sso___jini93님의 사연을 바탕으로 그린 만화입니다.

친구 회유하기

페스티벌은 소요되는 비용과 시간이 적지 않다 보니 친구에게 같이 가자고 제안하기 조심스러울 수 있다. 하지만 주변에 페스티벌을 좋아하는 친구가 없다고 쉽게 단념하지 말자. 당신의 진심과 영업이 먹힐지도 모른다. 다음과 같은 방법으로 친구를 꾀어내 일행을 만들어보자.

· **노출 기법** : 개최 공지나 라인업 발표가 올라올 때마다 소셜 미디어에 공유하며 친구도 자연스럽게 정보에 노출되게 만든다. 이미 해당 페스티벌에 다녀온 적이 있다면, 본인이 찍었던 사진이나 영상 중 재밌어 보이는 것을 골라 올린다.

▲ 노출 기법

· **호들갑 기법** : '이 뮤지션이 나오다니', '다신 없을 세기의 라인업이다' 같은 이야기로 친구의 호기심을 유발한다. 안 가면 왠지 손해일 것 같다는 느낌이 들게

한다. 조금은 과장을 보태도 좋다.

▲ 호들갑 기법

· **영업사원 기법** : 라인업에 친구가 조금이라도 좋아하거나 좋아할 것 같은 아티스트가 있으면 그 아티스트의 출연 소식을 알려준다. 2~3일에 한 번씩 해당 아티스트의 라이브 영상 링크를 보내며 공연을 보러 가고 싶게끔 부채질한다.

▲ 영업사원 기법

· **힙스터 기법** : 무심하게 '이 페스티벌은 굉장히 멋진 곳이며, 전부 쿨한 관객들만 모이고, 이 페스티벌 정도는 가줘야 진정 음악을 즐길 줄 아는 놈'이라는 메시지를 피력한다. 그다음에 너도 갈 생각 있냐며 넌지시 물어본다.

▲ 힙스터 기법

· **보상심리 기법** : 현대인은 늘 각종 시험과 데드라인에 묶여 산다. 삭막하고 지친 일상에 페스티벌만큼 확실한 일탈과 환기는 없을 테니 같이 놀러 가자고 제안한다. 학생이라면 중간고사나 기말고사로 고생할 때, 직장인이라면 잦은 야근으로 힘들 때 이야기를 꺼내보자.

▲ 보상심리 기법

· **큰손 기법** : "같이 갈래? 티켓은 내가 살게"라고 티켓을 제시하며 권유하는 방법이다. 페스티벌에 같이 가는 것뿐만 아니라 '멋지고 좋은 친구' 이미지를 획득하는 효과까지 있다. 단, 주머니 사정이 넉넉한 경우에만 가능하다.

▲ 큰손 기법

· **세미나 기법** : 발상을 전환해 '우리는 즐기러 가는 게 아니라 배우러 가는 것'이라고 말한다. 해당 페스티벌과 출연 아티스트를 파악하기 위해 답사 차원으로 가자고 주장하는 것이다. 친구가 취미로 악기를 연주하거나 밴드를 하는 등 음악과 조금이라도 연관된 사람이라면 성공 확률이 높아진다.

▲ 세미나 기법

♩ **샛별 _** 학창 시절에 친구 회유하기를 수년간 시도했지만 넘어온 친구가 단 한 명도 없었어요. 그게 한이 되어 *페스티벌 라이프*를 만들어 팔로워들을 영업했죠.

♪ **하이린 _** 페스티벌에 처음 가게 된 계기를 물어보면, 친구 따라갔다는 답변이 의외로 많더라고요. 음악을 좋아하는 친구들에게는 생각보다 영업이 잘 먹히고, 내가 가봤으니 잘 알려주겠다고 영업하면 확실히 성공률이 높아져요.

혼자 가기

많은 사람들이 혼자 페스티벌에 가기를 주저한다. 아무래도 혼자 가는 관객보단 일행과 같이 가는 관객이 많으니 군중 속의 고독을 경험할까 봐 위축되는 것이다. 게다가 아직 페스티벌에 많이 가보지 않은 사람이라면 잘 모르는 곳에 대한 걱정까지 더해져 혼자 가기가 더욱 망설여질 수 있다. 하지만 페스티벌에 혼자 가는 것도 생각보다 괜찮다. 페스티벌은 음악으로 자유로워질 수 있는 곳이다. 아무도 당신이 혼자 왔다는 것을 신경 쓰지 않는다. 실제로 페스티벌에 가면 혼자 온 관객도 심심찮게 발견된다. '솔플'을 이상하게 보는 사람이 있다면 그 사람이 이상한 것이므로 락스타처럼 떳떳한 태도를 가지면 된다.

혼자 가도 충분히 소속감과 연대를 경험할 수 있다. 나와 비슷한 것을 좋아하는 사람이 이렇게 많으며 그들과 음악으로 공명하고 있다는 사실에 감화되기 때문이다. 기념사진도 충분히 남길 수 있다. 해외여행 중 사진은 무조건 한국인에게 부탁해야 한다는 농담이 있지 않은가. 페스티벌에서도 마찬가지다. 아무한테나 사진을 부탁해도 모두가 흔쾌히, 성심성의껏 사진을 찍어준다.

무엇보다 솔플의 최대 장점은 누군가와 맞출 필요 없이 마음대로 이동하며 관람할 수 있다는 점이다. 오로지 내 취향에 따라 보고 싶은 공연만 골라보고, 스탠딩존에 남아 슬램을 하다가 지치면 쉬기도 하고, 쉬다가 재밌어 보이는 소리가 들려오면 뛰쳐나가 노는 등 즉흥적으로 움직일 수 있다. 음악이나 페스티벌을 그렇게까지 좋아하지 않는 친구를 데려갔다가 괜히 '이 친구가 지금 제대로 즐기고 있을까?', '뭐가 불편하지는 않을까?'라고 신경 쓰게 되는 것보다 혼자 가는 게 편할 수도 있다.

　가고 싶은 페스티벌이 있지만 여전히 혼자 가기를 주저하는 사람이라면 이 문장을 가슴 속에 새겨보자. '보고 싶은 공연은 혼자라도 보는 것이 아예 못 보는 것보다 낫다'는 것.

♪ **하이린** _ 혼자라서 뻘쭘한 것도 처음에나 그렇지, 두세 번만 다녀도 어느새 "자유로운 나를 봐, 자유로워"라고 흥얼거리며 유유자적 페스티벌을 누비게 된답니다. 이 책을 읽는 여러분 모두 페스티벌 솔플을 너무 걱정하지 마세요! 그나마 아쉬울 때를 꼽아 보자면, 한 명이 맥주를 사 오는 동안 다른 한 명이 음식을 사 오는 등 식사 시간에 협동 플레이를 할 수 없을 때인 것 같네요.

페스티벌의 마법

@jam_tamin님의 사연을 바탕으로 그린 만화입니다.

⑩ 예습

페스티벌은 놀러 가는 곳인데 여기서까지 예습을 해야 하나 싶을 수도 있다. 하지만 때로는 준비된 자가 더 재밌고 안전하게 놀 수 있는 법. 페스티벌에 갈 때 반드시 확인해야 할 기본적인 사항부터, 몰라도 큰 문제는 없지만 알아두면 더 알차게 즐길 수 있을 만한 내용을 소개해 본다.

공지사항

기본적인 페스티벌 공지사항만큼은 꼭 확인하자. 티켓 예매와 입장부터 반입 금지 물품, 사용 가능한 결제 수단, 우천 시 대비 사항, 행사장 가는 길 등 관객이 알아야 할 내용은 모두 공지사항에서 확인할 수 있다. 관객이 자주 묻는 질문도 'FAQ'로 정리되어 올라온다. 모든 공지사항은 페스티벌 공식 홈페이지, 공식 소셜 미디어 계정, 티켓 예매처 상세페이지에 안내된다.

처음 안내되는 기본적인 공지사항 외에도 공식 채널에 지속적으로 업로드되는 추가 공지도 확인하는 것이 좋다. 페스티벌 운영과 관련해서 새롭게 추가되는 사항이 실시간으로 공지되며, 때로는 관객의 의견을 반영해 수정되기도 한다. 그럴 일이 없으면 좋겠지만, 아티스트 출연 취소와 그에 따른 환불 공지가 올라와 억장이 무너질 때도 있다. 그 밖에도 출연 아티스트에 대한 기본적인 정보, 아티스트의 인사 영상, 예습 플레이리스트 등 소소한 떡밥도 제공하니 페스티벌 공식 채널을 팔로우해 두는 것을 추천한다.

타임테이블

페스티벌 덕후들은 페스티벌에 가기 전 타임테이블에 보고 싶은 공연을 체크하고 시뮬레이션을 돌려보면서 다른 덕후들과 의견을 공유한다. 타임테이블은 개최일로부터 약 한 달 전에 공개되며, 페스티벌에 출연하는 아티스트들의 공연 순서, 시간, 무대 위치가 나와 있다. 이를 참고해 행사장에 몇 시쯤 도착할지, 공연을 언제까지 보고 퇴장하면 좋을지 전체적인 계획을 세우면 된다. 어떤 무대에서 누구의 공연을 보고, 언제 밥을 먹을 건지 쉬는 타이밍도 봐둔다. 시간대별로 무대 연출이 다르기 때문에 낮, 해 질 녘, 밤의 날씨와 분위기를 상상하며 동선을 짜보는 것도 좋다.

타임테이블 때문에 고민이 생기기도 한다. 무대가 2개 이상인 페스티벌에서 보고 싶은 두 아티스트의 공연 시간이 겹치면 어느 공연을 볼 것인지 선택의 기로에 놓인다. 분신술을 쓰고 싶은 마음이 굴뚝같지만, 애석하게도 인간의 몸은 하나뿐이다. 둘 중 어느 공연을 봐야 할지 혼자 힘으로 결정하기 어렵다면 주변인들에게 의견을 구해보자. 둘 다 포기할 수 없어 두 공연을 반반씩 보기로 했다면 언제쯤 다른 무대로 이동하는 것이 좋을지, 이동 거리는 얼마나 되는지 확인해두는 것이 좋다. 다른 무대로 이동하는 데만 적지 않은 시간이 소요될 수 있기 때문이다. 이때 내가 좋아하는 곡을 언제쯤 연주할지 가늠하기 위해 셋리스트 경향을 검색해 보는 방법도 있다. 공연 후반부로 갈수록 인기곡이나 대표곡을 들려주는 경우가 많기에, 셋리스트 경향을 찾아본 뒤 어디까지 보고 이동할지 결정하자.

수용 인원이 한정된 실내 스테이지는 언제쯤 들어가면 안전할지 예측이 필요하다. 좋아하는 아티스트의 무대를 꼭 보고 싶다면, 앞 순서에 공연하는 아티스트의 인지도나 팬덤 규모를 고려해 이동 계획을 짜면 된다.

*페스티벌 라이프*에서 출시한 모바일 어플리케이션 '페스타임'을 활용하면 보고 싶은 공연을 체크해 나만의 타임테이블을 만들 수 있다. 내가 선택한 무대는 다른 색으로 표시되기 때문에 나만의 페스티벌 일정을 파악하기에 용이하다. 체크한 타임테이블을 이미지로 저장해 휴대폰 잠금 화면으로 설정하면 페스티벌 현장에서 손쉽게 확인할 수 있다. 많은 페스티벌 덕후들이 애용하는 방법이다.

라인업

여유가 된다면 출연 아티스트의 대표곡을 간략하게 알아보고 가길 권한다. 1년에 며칠 안 되는 귀중한 페스티벌을 야무지게 즐기는 방법이다. 그러나 페스티벌 라인업에는 모르는 아티스트의 이름도 제법 많다. 현실적으로 페스티벌에 출연하는 모든 아티스트를 알고 가기는 어렵다. 이럴 땐 한 번쯤 이름을 들어봤거나, 왠지 모르게 관심 가는 아티스트 위주로 예습해 보자. 스트리밍 사이트에 아티스트 이름을 검색해 상단에 나오는 인기곡 서너 개만 들어도 속성 예습이 가능하다.

페스티벌에선 많은 관중을 대상으로 하는 만큼 단체 호응을 적극적으로 유도하는 경우가 많다. 사전 정보 없이 페스티벌에 가도 충분히 무대를 즐길 수 있고, 라이브를 통해 현장에서 다양한 뮤지션을 알아가는 재미도 존재하지만, 떼창 구간, 다 같이 따라 추는 안무, 악기 솔로 등 아티스트가 라이브 공연에서 선보이는 포인트를 예습해 가면 페스티벌을 더욱 재밌게 즐길 수 있다. 특히 처음으로 한국을 방문하는 아티스트이거나, 평소엔 페스티벌에 거의 출연하지 않다가 오랜만에 복귀한 무대라거나, 재결합 이후 처음 가지는 공연이라거나…. 이런 역사적인 자리에서 혼자 멀뚱멀뚱한 상황이 온다면 아쉬울 수도 있으니, 아티스트가 라이브에서 자주 선보이는 기본적인 레퍼토리를 파악해두자.

번외로 페스티벌에서는 피처링으로 콜라보한 두 아티스트가 합동 무대를 가지기도 한다. 같은 날 라인업에 이름을 올렸다면 기대해 볼 만한 페스티벌만의 묘미다.

셋리스트

해외 아티스트라면 페스티벌에서 어떤 노래를 들려줄지 가늠해 볼 수 있다. 아티스트마다 역대 셋리스트가 실시간으로 업데이트되는 기특한 사이트, Setlist.fm에서 투어 셋리스트를 검색해 보면 된다. 투어 기간에는 거의 같은 셋리스트가 유지되는데, 한국 페스티벌 전후로 아시아 투어 또는 일본 페스티벌을 함께하는 일정이라 참고할 수 있다. 공연하는 나라에 따라 두세 곡을 바꿔 약간의 변화가 생길 수도 있다. 센스 있는 아티스트는 한국 노래를 커버하거나, 한국에서 유달리 인기가 많은 곡을 셋리스트에 추가하기도 한다. 드물게는 한국이 아시아 투어의 첫 공연으로 잡혀 참고할 내용이 없는 경우도 있긴 하다.

국내 아티스트는 해외 아티스트처럼 셋리스트 전문을 알 순 없다. 하지만 검색의 힘을 빌려 대략적으로 가늠할 순 있다. 페스티벌에서 공연한 적 있는 아티스트라면 포털 사이트나 소셜 미디어에 '아티스트 이름', '페스티벌',

'셋리스트' 세 키워드를 섞어 검색해 보자. '자우림 펜타포트 셋리스트', '새소년 DMZ 셋리스트'처럼 말이다. 그러면 팬들이 페스티벌을 다녀온 뒤 기록해둔 셋리스트를 발견할 수 있다. 거기서 반복적으로 보이는 곡이 바로 페스티벌 단골 곡이다. 덧붙여 아티스트가 최근에 발매한 새 앨범이나 신곡이 있다면 그것도 페스티벌에서 들려줄 가능성이 높다.

♪ 다람쥐_ 음악을 알고 보는 공연과 모르고 보는 공연은 감동이 다르더라고요. 확실히 한 번이라도 들어본 음악을 라이브로 들을 때 더 반갑고 신나는 것 같아요.

페스티벌 맵

메인 출입구와 티켓 부스의 위치를 알아두면 복잡한 현장에서도 헤매지 않고 빠르게 입장할 수 있다. 무엇보다 페스티벌 안에서는 무대 위치와 거리를 계산해 효율적인 동선을 짜야 공연을 알차게 챙겨볼 수 있다. 화장실이 어디에 있는지 체크해두면 급히 용변을 봐야 할 때 요긴하다. 혹시 모를 상황에 대비해 인포메이션 부스와 의료 부스의 위치도 체크해두자.

참여 부스

페스티벌 공식 홈페이지나 소셜 미디어 계정에서 입점 부스 정보를 확인할 수 있다. 식음료·굿즈·브랜드·지자체·캠페인·인포메이션·의료·소방·경찰 부스까지 다양하다. 스폰서 브랜드 부스에서는 다양한 프로모션을 진행하는데, 페스티벌에서 유용하게 쓰이는 물건을 무료로 나눠주기도 한다. 사전에 안내되는 이벤트 참여 방법을 숙지해 가면 현장에서 빠르게 참여할 수 있다.

경험자 후기

공지사항에서는 페스티벌 현장이 어떤 분위기인지, 가서 어떻게 놀아야 할지 알려주지 않는다. 이럴 땐 이미 해당 페스티벌에 다녀온 사람들의 후기를 참고하면 도움이 된다. 먼저 다녀온 선배님들이 고화질 사진까지 여러 장 첨부해 가며 현장 분위기를 친절하고도 생생하게 설명해 준다. 복잡한 페스티벌 현장에서 출입구로 가는 지름길,

상대적으로 줄이 짧은 화장실, 페스티벌 전후로 방문하기 좋은 주변 맛집 등 직접 다녀와 본 사람만 알 수 있는 구체적인 정보도 얻어 갈 수 있다.

체력

페스티벌은 낮부터 밤까지 넓은 부지를 돌아다니며 즐기는 체력전이다. 여름에 열리는 페스티벌일수록, 고강도의 활동량이 요구되는 페스티벌일수록 가기 전 가벼운 조깅이나 유산소 운동으로 기초체력을 기르길 권한다. 특히 평소에 운동을 전혀 하지 않았던 사람이라면 최소 2주 전부터는 가벼운 운동을 하면 좋다. 하루에 100보도 안 걷던 사람이 갑자기 하루에 3만 보를 걸으면 어디 하나가 고장 난다. 페스티벌에 다녀온 후 지독한 몸살을 획득하여 일주일 내내 골골대며 앓아누울 수도 있다. 그걸 어떻게 아느냐 묻는다면 우리도 알고 싶지 않았다. 운동할 때 페스티벌에 출연할 아티스트의 노래를 듣는다면 기대감을 고조시키며 예습하는 효과까지 있으니 일석이조다. 도무지 시간 내어 운동할 여건이 되지 않는다면 영양제와 비타민이라도 챙겨 먹자(제발). 물론 평소에 체력이 튼튼하다고 자부하는 사람이라면 바로 페스티벌로 향하자.

♪ 샛별_자신 없다면 어느 정도 체력을 길러서 가길 권합니다. 다녀온 후에 아프면 그나마 다행. 현장에서 본인의 상태를 잘 모르고 버티기만 하다 실려가는 분들이 매번 나와요. 내가 현장에 존재해야 공연도 볼 수 있는 법. 무엇보다 건강을 최우선으로 하고 체력을 기릅시다!

♪ 바리_충격 실화! 인생 첫 락페 갔다 와서 실비보험 가입했습니다….

Stage # 2

페스티벌 현장에서

- 페스티벌의 흐름
- 페스티벌 맵
- 입장 부스
- 스탠딩존
- 슬램존·깃발존
- 펜스존
- 돗자리존
- 부스와 편의시설
- 날씨
- 귀갓길

❶ 페스티벌의 흐름

　페스티벌은 낮부터 밤까지 하루 종일 이어지는 행사다. 여러 스테이지에서 동시다발적으로 공연이 펼쳐지며, 많게는 5개 이상의 스테이지가 설치된다. 국내 페스티벌에서는 보통 두세 개의 스테이지로 운영되는 경우가 많다. 관객은 그 안에서 원하는 대로 자유롭게 이동하며 페스티벌을 즐기면 된다. 공연은 한 팀 당 짧게는 30분에서 길게는 1시간 넘게 진행되고, 중간중간 무대를 교체하는 인터미션이 있으며, 후반부에 배치된 아티스트일수록 공연 시간이 길어진다.

　그렇다면 페스티벌은 몇 시쯤 가야 할까? 페스티벌 초심자라면 궁금할 수 있는 부분이다. 결론부터 말하자면 아무 때나 가도 된다. 페스티벌은 일반 공연과 달리 정해진 입장, 퇴장 시간이 없다. 게이트가 오픈한 뒤로는 원하는 시간대에 언제든 들어가고 나올 수 있다. 오전에 보고 싶은 공연이 있다면 아침부터 서둘러 가도 되고, 보고 싶은 공연이 저녁 시간대라면 해가 저물 때쯤 느지막이 도착해도 상관없다.

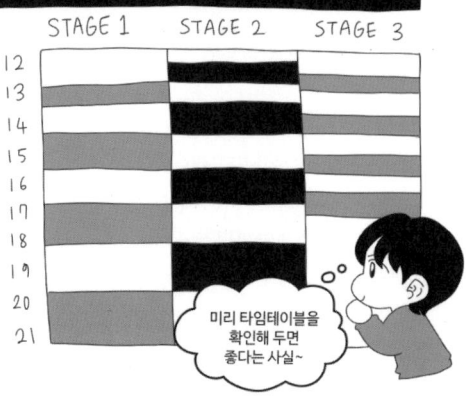

감이 잘 잡히지 않는다면, 내가 볼 첫 공연이 시작하는 시간보다 최소 1시간 일찍 행사장에 도착하길 추천한다. 거의 다 도착했는데 행사장 근처에서 차가 막히거나, 입장 대기 줄과 소지품 검사가 길어지는 등 예상 밖의 변수가 생길 수 있기 때문이다. 그리고 공연이 시작하는 시간보다는 여유 있게 도착해야 본격적으로 관람에 돌입하기 전 행사장을 둘러보며 맵을 익히고 공연 외 콘텐츠를 즐겨두기 좋다. 일찍 가서 자리를 잡는 상황은 이어지는 챕터에서 소개하겠다.

♩ 샛별 _ 헤드라이너 공연이 끝나고 막차가 끊기면 페스티벌 분위기는 사뭇 달라져요. 1년 중 이날만을 기다렸다는 듯이 끝장을 향해 달립니다. 이대로 페스티벌을 보내기 아쉽다면 메인 공연이 끝난 후 심야-새벽 시간대를 즐겨보세요.

❷ 페스티벌 맵

페스티벌 현장에 도착하면 먼저 입장 부스에서 티켓을 검사하고, 팔찌를 받고, 짐을 검사하는 과정을 거친다. 모든 절차를 마친 뒤 게이트로 입장하면 본격적인 페스티벌 필드. 둥둥거리는 음악 소리와 함께 설레는 페스티벌 풍경이 펼쳐진다.

페스티벌 안에서는 가장 큰 규모의 메인 스테이지*가 중심이 된다. 무대 바로 앞에는 서서 관람하는 스탠딩존이 있고, 스탠딩존 뒤에는 잔디밭에 돗자리를 깔고 앉아서 관람하는 돗자리존이 있다. 페스티벌의 성격에 따라 돗자리존이 없는 곳도 있고, 반대로 스탠딩존이 없는 곳도 가끔 있다. 각종 부스와 편의시설은 행사장을 둘러싼 가장자리에 배치되거나 한 쪽에 몰려 있다.

*Main Stage

메인 스테이지에서 도보로 이동할 수 있는 거리에 또 다른 무대인 서브 스테이지**가 설치된다. 서브 스테이지는 메인 스테이지보다는 규모가 작다. 서브 스테이지에도 앉아서 볼 수 있는 공간적 여유가 있지만, 돗자리존이 따로 마련되지 않을 때가 많다. 페스티벌에 따라 실내 공연장을 서브 스테이지로 정해

**Sub-stage

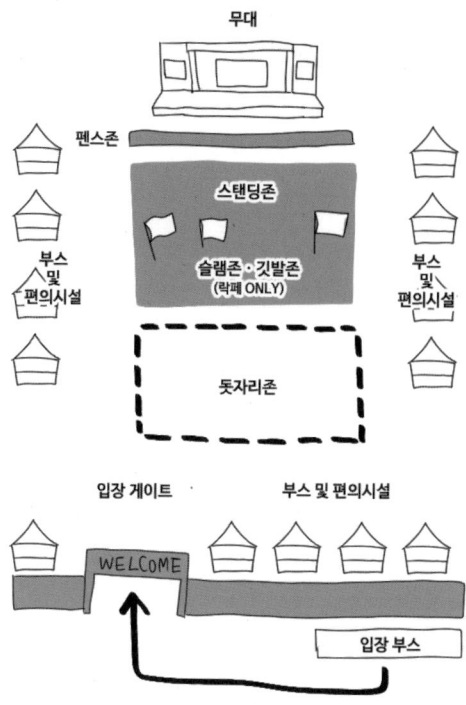

페스티벌 맵은 이런 식으로 구성된다. 물론 페스티벌마다 구체적인 구성에는 차이가 있지만, 현장 파악을 위해 대략적인 구성이 이러하다는 정도로만 참고하길 바란다.

스탠딩과 좌석 혼합형으로 운영할 때도 있다. 예컨대 올림픽공원에서 열리는 페스티벌은 주로 88잔디마당 근처의 KSPO DOME***과 핸드볼경기장을 서브 스테이지로 활용한다.

***전 체조경기장

이 책에서는 관객의 입장에서 속성이 구분되는 페스티벌 구역을 크게 여섯 가지로 나눴다. 입장 부스, 스탠딩존, 슬램존·깃발존, 펜스존, 돗자리존, 부스와 편의시설이다. 이어지는 챕터에서는 각 구역에서 어떤 일이 일어나는지, 즐기는 방법과 숨은 노하우는 무엇인지 소개하겠다.

❸ 입장 부스

티켓 수령

사전에 페스티벌 티켓을 배송받지 않았다면 먼저 티켓 부스에서 티켓을 수령해야 한다. 사전에 티켓을 배송받은 사람이라면 이 과정을 생략하고 바로 다음 단계인 입장 팔찌를 받으러 가면 된다.

티켓 부스는 예매처와 티켓 권종에 따라 나뉜다. 1일권·양일권·캠핑권·초대권 등 본인의 티켓 유형에 따라 다른 줄을 서야 한다. 모바일 화면으로 예매 내역을 제시하고, 신분증으로 예매자 본인 확인을 진행한 뒤 티켓을 수령할 수 있다.

입장 팔찌 교환

티켓과 신분증을 보여주고 입장 팔찌를 받을 수 있다. 입장 팔찌는 페스티벌 기간 동안 계속 차고 있어야 자유로운 출입이 가능하다. 팔찌는 어떤 이유에서라도 다시 제공되지 않으니 자르거나 훼손시키지 않도록 주의하자.

팔찌의 색깔과 소재는 티켓 종류에 따라 다르다. 1일권 팔찌는 종이와 비슷해 보이지만 잘 끊어지지 않는 타이벡 소재다. 2·3일권 팔찌는 며칠에 걸쳐 착용해야 하므로 샤워나 수면 중에도 쉽게 훼손되지 않는 PVC나 폴리에스테르 천 재질이 대부분이다.

성인 인증

성인 관객은 신분증 확인 후, 성인 인증 팔찌를 받을 수 있다. 페스티벌 내에서 술을 살 때마다 매번 신분증을 확인하는 수고를 줄이기 위함이다. 필수 절차는 아니기에 술을 마시지 않는 사람이라면 생략해도 무방하다.

물품 보관

페스티벌에 반입이 금지된 물품이나 사용하지 않을 물건은 주최 측에서 운영하는 물품 보관소에 보관할 수 있다. 가벼운 차림으로 편하게 놀기 위해 가방이나 외투를 맡기는 경우가

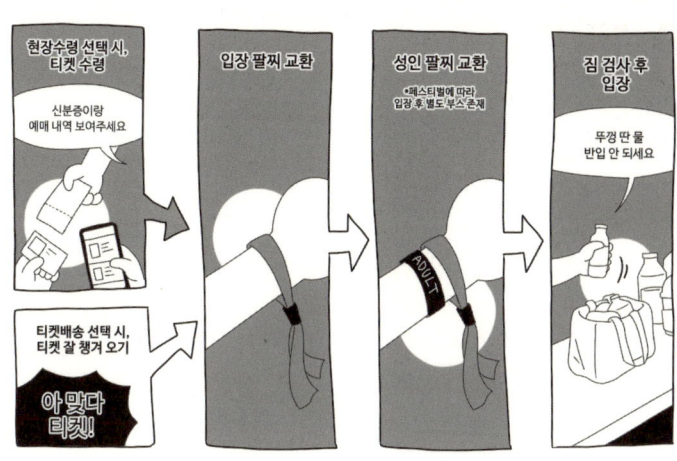

티켓 수령 → 입장 팔찌 교환 → 성인 인증 → 짐 검사

대부분인데, 중간에 짐을 꺼내면 재보관 비용을 내야 하는 경우가 많으니 짐을 맡길 때는 신중하길 바란다. 대략 A2 크기의 비닐 가방이 제공되며, 여기에 물품을 담아 보관하면 된다. 야외에 보관하기 때문에 온도에 영향을 받는 물건이나 음식은 주의해야 한다. 대부분 카드결제가 가능하지만, 현금만 받는 경우도 간혹 존재한다.

실내 페스티벌은 공연장에 있는 코인 로커를 사용하기도 한다. 보통 500원 동전 2개를 넣는 방식이다. 가끔 코인 로커 주변에 동전교환기가 없거나 제대로 작동하지 않는 경우도 있으니, 동전을 미리 챙겨가는 것도 좋은 방법이다.

짐 검사

입장 시 관객의 소지품 중 반입 금지 물품이 있는지 가방을 열어 검사하는 절차다. 안전을 위협할 수 있는 물품은 미리 차단하고, 외부 음식물로 발생할 수 있는 일회용품이나 쓰레기를 줄이기 위함이다. 페스티벌을 보기 전부터 기분 상할 일을 만들고 싶지 않다면 주최 측에서 공지한 반입 금지 물품 목록을 미리 숙지하자. 모든 관객의 가방을 일일이 열어보고 검사하기에 관객이 몰리는 게이트 오픈 시간대에는 짐 검사가 오래 걸릴 수 있다. 실랑이를

벌이는 일도 다반사라 소요 시간이 더욱 길어지기도 한다. 이를 고려해 보고 싶은 공연 시작 시간보다 일찍 현장에 도착하는 것을 추천한다.

타임테이블 배포

입장할 때, 혹은 페스티벌 안에 위치한 인포메이션 부스에서 공연 타임테이블을 얻을 수 있다. 수시로 펼쳐보며 공연 시간을 확인하기 좋도록 목걸이 형태로 만드는 것이 일반적이다. 무대별 공연 시간과 페스티벌 맵 등 기본 정보가 담긴 인쇄물이 신용카드 크기로 여러 번 접혀 투명한 PVC 케이스에 담겨 있다. 덕후들 사이에서는 타임테이블 목걸이가 페스티벌을 추억하는 기념품이자 전리품이 되기도 한다. 요즘은 환경 보호 차원에서 목걸이를 없애거나, 인쇄물 없이 온라인 페이지로 대체되는 페스티벌이 많아졌다.

♩ 샛별 _ 짐 검사할 때 가장 많이 걸리는 물품이 음식입니다. 저도 처음엔 잘 모르고 일회용기에 포장한 음식을 가져갔다가 입구에서 걸렸는데, 버리기 아까워 그 자리에서 다 먹었던 경험이 있어요. 요즘에도 뚜껑 딴 페트병, 캔 음료, 술, 배달 음식, 과자 등 음식물이 많이 버려지더라고요. 반입 금지 물품은 미리 살펴보고 오길 당부드립니다.

이 이야기는 제작진 중 한 명의 실화입니다.

❹ 스탠딩존

스탠딩존은 무대 앞에 서서 공연을 관람하는 구역으로, 우리가 생각하는 가장 '페스티벌다운 풍경'이 펼쳐지는 곳이다. 노래를 따라 부르거나 춤을 추는 관객들로 가득하며, 무대 위 아티스트의 손짓 하나에 환호성을 지르기도 한다.

스탠딩존의 범위는 펜스*로 설정된다. 페스티벌에 입장했다면 언제든 스탠딩존에 들어가 적당한 곳에 자리를 잡고 공연을 관람할 수 있다. 정해진 자리는 따로 없고, 자리를 맡아둘 수도 없다. 중간에 화장실에 가거나 식사를 하기 위해 이탈하면 그대로 끝이다. 스탠딩존의 인구 밀도는 헤드라이너 공연이 다가올수록 빽빽해지는 경향을 보인다.

*페스티벌 구역을 나누는 철제 울타리

스탠딩존 안에서도 위치와 성격에 따라 자연스럽게 구역이 나뉜다. 펜스 맨 앞줄은 아티스트와 가깝고, 공연을 탁 트인 시야로 볼 수 있어 인기가 많다. 펜스에 편하게 몸을 기댈 수 있다는 장점도 있어 '펜스를 잡기 위해' 일찍 와서 정박하듯 자리를 잡는 관객이 많다. 스탠딩존 중간에는 가장 많은 사람이 모인다. 공연이 끝날 때마다 사람들이 썰물처럼 빠지고

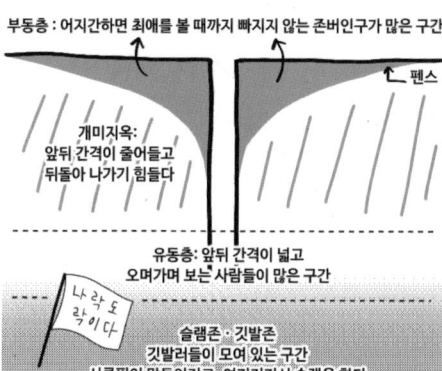

밀물처럼 들어오는데, 그때 다음 공연을 앞에서 보기 위해 인파를 거슬러 무대 앞으로 향하는 사람들이 있다. 스탠딩존 뒤쪽은 비교적 여유로운 편으로, 무대와 멀지만 쾌적하게 전체적인 분위기를 즐길 수 있다. 마지막으로 락페에서만 볼 수 있는 슬램존·깃발존에서는 단체로 대형을 만들어 뛰어노는 문화가 펼쳐진다. 펜스존과 슬램존·깃발존은 뒤에서 상세히 서술할 예정이다.

스탠딩존 관람은 체력적으로 고되다. 오랜 시간 서있는 것만으로도 힘든데 음악에 맞춰 뛰어놀며 함성을 외치다 보면 에너지가 빠르게 소진된다. 날씨와 인파 등 외부 요인의 영향도 많이 받는다. 페스티벌에 다니다 보면 해를 거듭할수록 스탠딩존에 머무는 시간이 줄어든다는 것을 체감할 것이다. 대여섯 시간도 끄떡 없이 스탠딩존에 서있던 쌩과 체력은 사라지고, 자꾸 앉거나 누울 곳을 찾게 된다.

애매한 곳에 선다면 시야가 좋지 않을 가능성도 존재한다. 어정쩡하게 중간에 껴서 공연을 보면 '지금 정녕 무대에 뮤지션이 서 있는 게 맞나?'라는 의문이 들 정도로 시야가 가려지기도 한다. 전광판 혹은 앞사람이 촬영하는 휴대폰 카메라 화면에 의지하며 간신히 공연을 봐야 할 때도 있다. 키가 작은 사람이라면 작정하고 앞자리를 잡거나, 아예 뒤로 빠져서 보는 것이 훨씬 잘 보일 수 있다.

그 밖에도 스탠딩존에서는 '땀과 냄새의 아비규환 경험하기', '뒷사람이 흔드는 손에 머리 맞기', '뛰느라 주머니에 넣어둔 휴대폰이나 카드 떨어뜨려서 잃어버리기' 같은 일이 일어날 수 있다. 하지만 페스티벌이기에 이런 일마저 재미로 느껴지고 라이브 무대의 현장감이 모든 고생을 상쇄시킨다. 출퇴근길 '지옥철'에서의 부대낌은 고역이지만, 페스티벌에서의 부대낌은 즐거울 수 있다. 현실에서 나를 옭아매던 것들을 뒤로 하고 스탠딩존에서 오직 음악에 몰입하며 뛰어놀 때의 해방감이란 이루 말할 수 없다. 스탠딩존에서는 서로가 누구인지조차 중요하지 않다. 그저 음악으로 모두와 친구가 된다. 다른 세계로 진입한 것처럼 맨정신을 내려놓고 페스티벌 라이브가 주는 역동적이고 생생한 즐거움을 최전선에서 경험해보자. 다음은 스탠딩존에서 지켜야 할 매너와 주의사항 몇 가지를 소개한다. 여러 사람이 밀집해 있는 만큼 위험하거나 불쾌한 일이 생기지 않도록 서로 주의하자.

▸ 기본적인 수칙은 밀지 않는 것이다. 해외 페스티벌에서는 인명사고 사례도 있으며, 국내 페스티벌에서도 위험한 순간이 몇 번 있었다. 또한 옆사람을 실수로 치지 않도록 주의하자. 가방은 몸에 밀착해서 메고, 머리가 긴 사람이라면 낮게 묶는 것을 추천한다.

▸ 슬로건, 팔, 휴대폰을 머리 위로 너무 오래 들고 있지 말자. 뒷사람 눈물 난다.

▸ 컨디션이 이상하다 싶으면 무리하지 말고 바로 뒤로 빠지거나 안전요원을 부르자. 급한 경우 주변 사람들에게 상태를 밝히면 함께 안전요원을 부르고 부축해 주는 등 도움을 받을 수 있을 것이다.

♪ 하이린 _ 스탠딩존 위치에 따라 달라지는 건 시야도 있겠지만 '덕심의 농도'도 크다고 생각해요. 때로는 주변 분위기가 공연의 재미를 더해주는데, 열광하는 관객이 밀집된 곳은 공기 자체가 다르거든요. 그래서 앞자리나 슬램존을 자주 찾게 되는 것 같아요.

♪ 바리 _ 페스티벌의 가장 큰 장점은 맥주를 마시며 라이브 공연을 즐길 수 있다는 점이지만, 아무 생각 없이 맥주를 들고 스탠딩존에 갔다가는 무대 앞에서 쏴주는 물 대포를 맞고 밍밍한 맥주를 마실 수 있으니 주의합시다.

❺ 슬램존·깃발존

슬램이란

슬램*은 락페에서 흔히 볼 수 있는 문화로, 관객들이 음악에 맞춰 몸을 부딪히며 노는 행위다. 라이브 공연의 흥겨움을 온몸으로 부딪히며 표현하는 것이다.

*Slam

슬램존이 생기는 과정

스탠딩존에서 몇 명이 주도해 가운데 공간을 비우며 원을 만들기 시작하면 주변 사람들도 한발씩 물러나며 공간을 점점 넓히기 시작한다. 가운데 빈 공간을 두고 서로를 바라보며 노래에 맞춰 리듬을 타다가, 특정 순간에 일제히 뛰어들어 서로 몸을 부딪히며 뛰어논다.

슬램존에서는 시선이 한가운데로 향하기 마련인데, 이 공간으로 들어가 춤을 추거나, 춤을 빙자한 퍼포먼스를 보이는 광인들도 있다. 슬램이 오래 지속되면 관객들이 원을 그리며 한 방향으로 도는 써클핏이 생기기도 한다. 한번 생긴 슬램존은 짧게는 노래 한 곡, 길게는 공연 내내 이어진다. 주변 에너지를 흡수해 점점 커지는 태풍처럼, 곳곳에서 발생한 슬램존 여러 개가 합쳐지면 학교 운동장만큼 넓어지기도 한다.

슬램이 처음이라면

슬램존을 찾고 있다면 수많은 인파 위로 우뚝 솟은 깃발을 찾자. 깃발 근처에는 암묵적으로 슬램을 원하는 사람들이 모여 있어 높은 확률로 슬램존이 형성된다. 여러 개의 깃발이 휘날린다? 이미 열정적으로 슬램이 진행되고 있는 곳이다. 모든 관객이 슬램을 즐기는 것은 아니기 때문에, 일반 관객을 배려해 주로 스탠딩존 뒤쪽, 사람들이 잘 오가지 않는 곳에서 생긴다.

슬램존을 발견했다면 상황을 지켜보다

눈치껏 합류하면 된다. 슬램존은 미리 안무를 외워오거나 규칙에 맞춰 춤춰야 하는 곳이 아니다. 가장자리에서 낌새를 보다가 사람들이 뛰어드는 순간에 따라 들어가면 된다. 보통 락페에 오랫동안 몸담아 온 고수들의 진두지휘 아래 진행되기 때문에 걱정할 필요 없다. 이들은 슬램존을 형성해 자리를 넓혀주고, 슬램 타이밍에 맞춰 전장의 선봉장처럼 뛰어든다. 우리는 그들을 따라 신나게 뛰어놀기만 하면 된다.

한바탕 슬램이 끝나면 무언가 외치는 소리가 들려온다. 슬램 후 바닥에 떨어진 물건을 주워 다 함께 주인을 찾는 것이다. 이때 정말 다양한 소지품이 나온다. 카드, 기갑, 휴대폰 등이 대부분인데, 가끔은 신발, 입장 팔찌, 차 키까지 나온다. 정작 물건 주인은 본인이 흘린 지도 몰랐다가 사람들이 외치는 걸 보고 나서야 알아채는 경우도 자주 있다.

초보자를 위한 슬램 가이드

▸ 슬램을 하기 전 상황부터 살피자. 슬램존마다 주도하는 구성원이 다르고, 공연 중인 음악 장르에 따라 격렬함의 정도가 다르다. 말랑말랑한 팝 공연일 때와 불타오르는 헤비메탈 공연일 때의 슬램이 같을 수 없다. 자신의 성향과 체격으로 감당할 수 있는 슬램존에 뛰어들자.

▸ 뛰어 들어갈 자리를 잘 보며 들어가자. 본인이 꽤 앞에서 뛰기 시작했다면 슬램존 중심축에 들어갈 확률이 높다. 치열하게 부딪히는 게 좋아서 선두로

뛰는 사람도 있지만 초심자라면 꽤 당황스러울 수도 있다. 반대로 슬램을 가볍게 맛보고 싶다면 살짝 늦게 들어가자. 3초만 늦게 들어가도 이미 뭉쳐진 슬램 무리 바깥에 위치하게 돼 가볍게 부딪히고 바로 나올 수 있다. 이렇게 슬램을 반복하다 보면 본인만의 슬램 스타일과 타이밍을 찾을 수 있다.

▸ 안전을 위해 팔꿈치는 몸 쪽에 붙인 채 부딪히자. 키가 큰 사람은 팔꿈치 높이가 누군가의 얼굴 높이와 같다. 타인의 얼굴에 팔꿈치가 부딪혔을 때 큰 부상으로 이어질 수 있기에 조심해야 한다.

▸ 가능하면 안경보다 렌즈를 끼자. 안경알이 깨지는 경우는 드물지만 다리 하나가 부러지거나 바닥에 떨어져 밟히는 경우가 더러 있다. 길게 늘어지는 목걸이나 귀걸이도 어딘가에 걸려 잃어버리거나 살갗에 상처가 날 수 있으므로 빼는 것을 권한다.

▸ 슬램을 하다 보면 발을 밟고 밟히는 일이 다반사다. 워커처럼 굽이 높고 바닥이 딱딱한 신발은 다른 이의 발을 실수로 밟았을 때 훨씬 아플 수 있으니 조심해야 한다. 슬리퍼나 샌들처럼 맨살이 드러나는 신발을 신고 슬램존에 들어가는 것은 피하는 게 좋다.

▸ 평소 아끼는 옷을 입었다면 슬램존에 들어가기 전에 고민해보자. 흙바닥에서 여러 사람과 한바탕 뛰어놀기 때문에 옷과 신발이 더러워질 수 있다. 슬리퍼나 샌들처럼 맨살이 드러나는 신발은 밟혔을 때 훨씬 아플 수 있으니 피하자.

슬램 시 주의사항

▸ 맥주를 비롯해 뚜껑 없는 컵에 담긴 음료는 바깥에 두고 들어가자. 몸을 부딪히며 뛰어놀면 내용물을 쏟아 마시지 못하게 될뿐더러 본인과 주변 사람의 옷도 버리게 된다.

▸ 가방을 멨다면 최대한 몸에 밀착시키자. 서로 부딪히고 밀리는 상황에서 가방으로 다른 사람을 치거나, 가방 끈이 어딘가에 걸릴 수도 있다.

▸ 넘어지면 지체 없이 일어나자. 아프고 경황이 없겠지만 넘어진 상태로 1~2초만 있어도 도미노처럼 사람들이 우르르 넘어져 더 큰 사고로 이어질 수 있다.

▸ 넘어진 사람을 발견하면 재빠르게 일으켜주자. 다른 사람들이 더 넘어오지 않게 등지며 막아주고 팔이나 손을 잡고 일으킨 다음, 상태에 따라 슬램존

슬램존에서는 주의해 주세요!

슬램존에서 넘어진 사람을 보면?

바깥으로 인도하자. 넘어진 사람에 대한 배려는 오래전부터 자리 잡힌 문화다.

▸ 지나친 슬램은 자제하자. 모든 관객이 슬램을 원하는 것은 아니다. 모든 노래와 구간에 슬램하는 것은 오히려 재미를 떨어뜨리고 주변 관객의 눈살을 찌푸리게 한다. 차분히 감상하기 좋은 노래라면 슬램은 잠시 접어두고 장르와 분위기에 맞는 방법으로 즐기자. 곡에 대한 이해 없이 슬램존만 크게 벌렸다가는 뛰지도 못하고 어정쩡해지며 모두가 어색해지는 상황이 온다. 온전히 감상하고 싶은 팬들에게도 실례다.

♪ 다람쥐_ 슬램은 재밌지만 위험이 따릅니다. 항상 조심하더라도 다치는 건 한 순간이더라고요. 저는 주변에 슬램하다가 발을 잘못 밟혀 깁스를 한 친구도 봤어요.

♪ 샛별_ 슬램존에서 관객들의 분실물 외침으로 휴대폰을 두 번이나 찾았어요. 사실 잃어버렸는지도 몰랐는데 저절로 찾아겼습니다(?)

페스티벌 깃발이란

출연하는 아티스트를 응원하기 위해 나온 깃발이 시초다. 여기에 페스티벌 분위기와 어울리는 평화적 메시지나 음악적 메시지를 담은 깃발이 함께 펄럭였다. 요즘은 단순히 재미를 위해 온라인에 도는 밈이나 유행어를 깃발에 담기도 한다. 그냥 '깃발 흔들고 싶어서' 만든 깃발도 등장할 만큼, 팬데믹 이후의 페스티벌에서는 깃발 자체가 하나의 유행이 되었다. 주로 야외 페스티벌에서 볼 수 있으며, 깃발의 근원지인 락 페스티벌에 압도적으로 많나.

깃발은 페스티벌에서 다양한 역할을 한다. 슬램존을 주도할 땐 깃발이 슬램의 시작을 알리는 신호탄이 된다. 슬램존 한가운데로 깃발을 늘어뜨렸다가 타이밍에 맞춰 한꺼번에 위로 들어 올리면 모두가 뛰어들게 된다. 사람이 몰려 움직이기 어려운 곳에서는 깃대를 이용해 교통정리도 하고, 위험한 곳을 막아주기도 한다. 학교 인근 횡단보도에 있는 교통안전 깃발과 비슷한 역할이라고 보면 된다. 수많은 인파 속 커다란 표식이 되어 만남의 장소로 쓰이기도 한다.
"나 지금 OO 깃발 앞인데, 여기서

만나!"

깃발 제작 가이드

깃발은 현수막 제작 업체에 의뢰하거나 집에 있는 천을 이용해 만들 수 있다. 크기는 가로 길이가 80~150cm 기준으로, 내용에 따라 세로 비율을 달리하면 된다. 크기가 너무 작아 문제될 것은 없지만 너무 큰 것은 지양하자. 깃발 뒤에 선 관객들의 시야를 가리는 민폐를 끼칠 수 있다. 깃발 왼쪽에 구멍을 뚫어놔야 깃대와 연결할 수 있으니 후가공으로 타공 옵션을 잊지 말자.

깃대는 길이나 재질에 따라 제품군이 매우 다양한데, 낚시 용품인 뜰채를 추천한다. 가볍고 탄력이 강해 웬만한 바람에도 부러지지 않는다. 뜰채를 깃대로 쓰기 위해서는 앞쪽 그물망은 제거하고 막대 부분만 쓰면 된다. 길이는 최소 4~5m 이상을 추천한다. 그 밑으로 제작하면 깃발이 관객들의 시야를 가리거나 실황 중계 카메라를 가려 주최 측으로부터 제지될 수 있다.

깃발에 담기는 그림이나 문구에는 누군가를 불쾌하게 만드는 표현을 포함시키지 않도록 주의하자. 스포츠 중계 화면에 차별과 혐오 문구가 나올 수 없는 것과 같은 이치다.

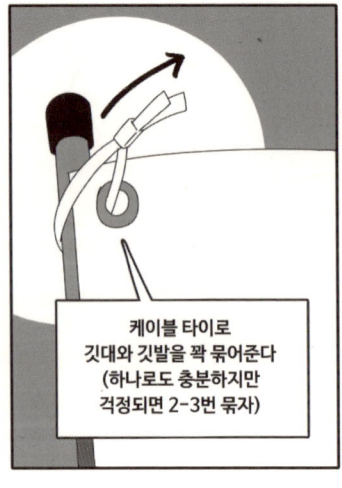

깃발 사용법

깃대 최상단 부분에 깃발을 연결한다. 케이블 타이를 사용하면 쉽고 단단하게 고정시킬 수 있다. 이후 뜰채 사용법과 똑같이 1단, 2단, 3단 순으로 꺼내 올리면 된다. 깃발 사용이 끝나면 역순으로 내리며 접으면 된다.

깃발을 흔들 때는 바람 세기와 방향을 잘 보고 다른 깃발과 부딪히지 않게 거리를 두고 흔들어야 한다. 깃대 무게와 바람 세기에 따라 깃발 흔들기가 버거울 때도 있다. 이때는 깃대를 땅에 대고 흔들면 편하고 안정적이다.

깃발 흔들 때 주의사항

▸ 깃발을 펼치고 있을 때는 다른 깃발과 충돌하지 않는지, 관객들의 시야를 너무 가리지 않는지 수시로 확인하자. 깃발끼리 부딪혀 한쪽 깃대가 깨지면 낙하물 위험이 있다. 이동할 때는 깃발이 구조물에 걸릴 위험이 있으니 모두 접거나 1단으로 줄이자.

▸ 깃발이 펄럭이는 높은 곳의 바람은 상상 이상으로 강력하다. 깃대가 휘는 것은 물론, 심할 경우 깃대가 부러질 수 있으니 유의하자. 깃대가 길수록, 깃발이 클수록 바람의 저항이 강해지므로 본인이 제어할 수 있을 정도의 깃발을 제작하길 바란다.

▸ 슬램존에서는 깃발을 따라 움직이는 관객이 많기 때문에 깃발의 역할이 크다. 슬램존 한가운데에 깃발을 늘어뜨리고 기다리다가 슬램이 시작되는 분위기와 타이밍에 맞춰 번쩍 들어 올리면 된다. 공연 중인 아티스트나 노래를 잘 몰라 분위기 맞출 자신이 없다면 슬램존을 지휘하는 행동은 자제하자.

♩ 샛별 _ 하루 종일 깃발을 들고 있으면 체력적으로도 힘들기 때문에 선택과 집중이 필요해요. 그래서 신나게 즐길 수 있는 공연에서만 깃발을 들고 다닙니다. 잘 모르는 팀의 공연은 얌전히 보는 편이라 깃발은 아예 내리고 감상 모드로 보기도 해요.

♪ 하이린 _ 깃발이 기세 좋게 휘날리는 모습을 보기만 할 때는 몰랐는데, 막상 들어보니 생각보다 엄청 무겁고 컨트롤하기도 어렵더라고요. 공연을 집중해서 보기도 어렵고요. 깃발을 한 번 들어보고 나니까, 모두의 즐거움과 멋진 풍경을 위해 총대 메는 깃발 주자를 존경하게 됐습니다.

❻ 펜스존

　스탠딩존에 설치된 펜스를 잡고 서는 구역이 펜스존이다. 맨 앞줄 펜스를 잡는 1열 펜스존, 가운데 펜스를 잡는 중앙 펜스존이 있다.

　1열 펜스존에는 좋아하는 아티스트를 보기 위해 오랜 시간 대기하는 팬이 많다. 전문적인 카메라 장비를 가져온 '찍덕'과 솔플 관객도 자주 보인다. 맨 앞자리인 만큼, 무대 구조물에 의해 그늘이 생겨 저절로 햇빛을 피하게 될 때도 있고, 종종 안전요원이 마실 물을 나눠주기도 한다. 하지만 1열 펜스존의 가장 큰 장점은 좋아하는 아티스트의 공연을 가까이서 볼 수 있다는 것이다. 화장실도 못 가며 기다리는 몇 시간 동안은 '포기하고 뒤로 빠질까'라는 고민을 거듭하며 고통을 감내한다. 그러다 기다렸던 아티스트가 마침내 등장해 공연을 시작하면 모든 고통이 사라진다. 그동안의 고생은 마치 이 순간 행복을 극강으로 느끼기 위해 설계된 장치였다고 여겨지기까지 한다.

　맨 앞자리인 만큼 '성덕'이 될 가능성 역시 존재한다. 가끔 아티스트가 무대 아래로 내려와 팬 서비스의 시간을 가지기 때문이다. 아티스트가

베이스 존
많은 베이스들이 이곳에 선다

기타 존
많은 기타가 이곳에 선다

돌출 무대 극 사이드
아티스트가 종종 여기까지 나오곤 한다

지미집 반대편
화면에 자주 잡히고 전광판에 출연할 수 있다

지미집 앞 1열
시야방해가 많다

사이드 1열
무대 뒤에서 대기중인 아티스트가 보이기도 한다

통로 펜스
아티스트가 종종 이곳까지 나오기도 한다

물대포 바로 앞
물을 정통으로 맞는다

펜스 바로 앞에서 노래하거나, 관객에게 마이크를 넘겨주거나 악수를 하고, 심지어는 관객의 휴대폰을 가져가서 직접 촬영을 해주고, 굿즈에 사인을 해주기까지 한다. 공연이 끝난 뒤 기타 피크, 드럼 스틱, 셋리스트 같은 것들을 건네주기도 한다.

단점은 군중 속에 섞인 채 사람들과 뛰어노는 재미가 덜할 수 있다는 것이다. 뒤에서는 커다란 강강술래, 격렬한 기마전, 반짝이는 플래시 은하수 등 온갖 진풍경이 펼쳐져도 1열 펜스존에선 잘 못 볼 수 있다. 게다가 1열 펜스존에 서려면 몇 시간 이상 자리를 지켜야 하기에 다른 스테이지에서 진행되는 공연은 포기해야 한다. 여러 아티스트를 볼 수 있다는 페스티벌의 장점을 온전히 누릴 수 없다. 눈물을 머금고 포기한 다른 아티스트의 노랫소리가 건너편 스테이지에서 희미하게 들려올 때면 아쉬움은 배가 된다.

무엇보다 한 자리를 지키고 서있는 일은 육체적 피로가 극에 달한다. 두통, 현기증, 탈수 증상이 올 수 있으며 실제로 쓰러져서 뽑혀 나가는 사람도 한두 명씩 꼭 있다. 이런 어려움으로 인해 1열 펜스를 한두 번 잡고 나면 "이제 됐다"라며 내려놓는 덕후들이 적지 않다. 하지만 가까이서 공연 보기를 좋아하는 사람이라면 한 번쯤 해볼 만한 경험이다.

통로 펜스존에서는 안정적인 시야로 무대 정면을 볼 수 있다. 1열만큼 무대와 가깝지는 않지만, 가운데 통로가 있어 가끔씩 이곳으로 아티스트가 내려오기도 한다. 스탠딩존에 오래 서 있다 보면 다리와 허리가 쑤시기 마련인데, 중앙 펜스를 잡으면 좋은 시야로 비교적 편하게 공연을 볼 수 있다는 것도 장점이다.

그 밖에도 펜스존에서는 페스티벌 공식 촬영에 담길 위험(?)과 재미가 동시에 존재한다. 전광판에 등장하거나, 나중에 페스티벌 하이라이트 영상에서 행복한 표정으로 공연을 즐기는 자신의 모습을 발견하게 될 수도 있다. 무대에서 발사되는 종이 폭죽이나 물 대포 같은 특수효과는 잘 보이는 것뿐만 아니라 잘 맞을 수 있는 위치이기도 하다.

♪ 바리_1열 펜스존은 아티스트를 가까이서 볼 수 있는 건 물론 '내가 이렇게 잘 논다!'를 잘 보여줄 수 있는 곳이기도 합니다. 잘 뛰어놀거나 떼창을 잘 하면 아티스트에게 콕 집혀서 따봉을 받기도…!

펜스 존버

 무대 가까이에서 공연을 보기 위해 페스티벌에 일찍 도착해 1열 펜스존 자리를 잡고 오래 버티는 행위를 '펜스 존버'라 부른다. 펜스존을 노리는 관객은 입장 게이트가 열리기 전부터 현장에 도착해 줄을 서는데, 꼭 일찍 와야만 펜스를 잡을 수 있는 건 아니다. 스탠딩존 상황이 어떻게 흘러갈지는 아무도 모르기 때문이다. 공연 한두 시간 전에 도착해도 운 좋게 펜스를 잡는 경우도 있다. 굳이 펜스를 잡지 않아도 충분히 만족스러운 시야로 공연을 보게 될 수도 있다. 그러니 무조건 현장에 일찍 도착해야 한다는 강박에서 벗어나도 괜찮다. 가끔씩 하루 전부터 밤새 대기하는 팬들이 있는데, 이렇게 과열된 경쟁은 관객들끼리 서로 피로해지기만 할 뿐이므로 권하지 않는다. 페스티벌 주최 측에서도 자제해 줄 것을 당부하고 있다.

 좋아하는 아티스트의 공연이라면 한 번쯤은 1열 펜스존에서 보고 싶을 수도 있다. 다음은 펜스존을 경험해 보고 싶은 사람을 위해, 오랜 시간 대기할 때 도움이 될 만한 소소한 팁을 소개하고자 한다. 경험자의 시행착오를 기반으로 선별했다.

• 중간에 화장실을 갈 수 없으므로 체내 수분 조절이 관건이다. 한여름에 진행되는 페스티벌에는 생수 3병 정도를 챙기면 충분하다. 한 번에 많이 마시지 말고 목마를 때만 몇 모금 마시는 식으로 조절하면 쉽게 버틸 수 있다. 기다리다가 쓰러질 것 같으면 무리하지 말고 안전 요원을 부르자.

▸ 알사탕이나 캐러멜, 에너지바 등 작은 간식을 챙겨 가자. 초콜릿이 들어간 간식은 지저분하게 녹을 위험이 높아 추천하지 않는다. 이클립스나 아이스브레이커스처럼 통에 든 작은 사탕을 챙겨가서 옆 사람들과 나눠먹자. 오고 가는 간식 속 덕후들의 우정이 싹튼다.

▸ 헤드라이너를 기다리는 사람들은 끝까지 1열에 있는 경우가 많은데, 가끔은 직전 순서의 아티스트 팬들과 자리를 바꿔주기도 한다. 주변 사람들에게 스몰 토크도 건네고 친절을 베풀어보면 뜻밖의 행운이 찾아올지도 모른다.

▸ 펜스에 서 있는 사람들의 옷과 슬로건, 가방에 달려있는 MD를 관찰하면 어떤 아티스트의 팬인지 알 수 있다. 내가 보고 싶은 무대보다 앞 순서에 공연하는 아티스트의 팬이라면 근처에 서 있자. 높은 확률로 해당 아티스트를 본 뒤 펜스를 벗어날 것이다. 이때를 노려서 앞으로 전진할 수 있다.

▸ 펜스존에서도 중앙 자리는 잘 빠지지 않는다. 먼저 비교적 순환이 잘 이루어지는 사이드로 가서 펜스를 잡은 뒤, 점점 중앙으로 오는 것도 괜찮은 방법이다.

▸ S자 고리를 가져가 펜스 구멍에 걸고 가방을 걸어두면 양손과 어깨를 해방시킬 수 있다.

▸ 펜스존에 자리를 잡았다면 잘 모르는 아티스트의 공연에도 호응하자. 페스티벌은 내가 좋아하는

뮤지션의 단독 공연이 아니며, 여러 아티스트가 함께 만들어가는 데 의의가 있다. 물론 자신의 최애 아티스트를 볼 때만큼 순도 높은, 폭발적인 리액션이 나오지 않을 수는 있다. 하지만 대놓고 지루하다는 제스처를 취하거나 휴대폰을 보는 행위는 지양하자. 공연하는 아티스트가 박수나 떼창을 유도할 땐 같이 참여하자. 힘든 거 알고, 다리 아픈 것도 알지만 그게 무대 위에서 공연하는 아티스트를 향한 매너다. 내가 선택한 존버, 악으로 깡으로 즐기자!

♪ **하이린** _ 낮 공연까지만 보고 펜스존을 빠져나오는 관객도 의외로 많아요. 특히 오후 5~6시쯤 출연하는 인기 아티스트의 공연이 끝나면 사람이 우르르 빠지기도 한답니다. 이렇게 틈새시장을 노린 덕분에 저는 오후에 도착해서도 펜스를 잡은 적이 꽤 많았어요. 1열 펜스존은 가끔 대형 스피커 앞에 잘못 서면 귀가 터질 것 같은 느낌이 들 수도 있으니 조심하세요.

❼ 돗자리존

　스탠딩존 뒤 잔디밭에 돗자리를 깔고 앉는 구역이다. 페스티벌마다 명칭이 달라 피크닉존이라 불리기도 한다. 돗자리존에서는 무대 양옆에 설치된 대형 전광판으로 공연을 관람한다. 좋은 음악, 맛있는 음식과 함께 친구들과 피크닉 하듯 여유롭게 페스티벌을 즐길 수 있다. 가끔은 누워서 음악을 듣거나 낮잠을 만끽하는 관객도 보인다. 라이브 공연의 현장감을 느끼되 체력을 아끼는 방법이다.

　피크닉 성향이 강한 뮤직 페스티벌일수록 돗자리존이 넓고 실제로 돗자리에 앉아 관람하는 관객의 비중이 높다. 이런 페스티벌은 대부분 잔디밭이 마련된 올림픽공원이나 난지한강공원에서 열리는 도심형 뮤직 페스티벌이다. 락, 힙합, 재즈 페스티벌에도 돗자리존이 있지만 EDM 페스티벌에서는 돗자리존을 볼 수 없다.

　돗자리존은 잔디밭에 위치하는데, 그 안에서도 명당이 있다. 무대와 가까운 앞 구역, 정면에서 공연을 볼 수 있는 콘솔 구역, 옆에 나무가 있어 자연스럽게 그늘이 생기는 사이드 구역이 인기가 많다. 명당을 노린다면 게이트 오픈과 동시에 재빠르게 자리를 확보해야 한다. 가끔 짐을 싸서 나가는 사람과 운 좋게 타이밍이 잘 맞으면 오후에도 명당을 차지할 수도 있다.

돗자리에 앉아 하루 종일 공연을 보는 사람도 있고, 돗자리를 거점 삼아 중간중간 들르는 사람도 있다. 일부 페스티벌에서는 돗자리에 짐만 놓고 자리를 오래 비우는 '자리 맡기'를 금지한다. 철저히 지켜지기 어려운 부분이지만 일정 시간 이상 자리를 비우면 스태프가 돌아다니며 짐을 철수하는 경우도 있으니 되도록이면 너무 오래 자리를 비우지 말자.

하지만 돗자리존은 어디서든 공연이 잘 보이는 편이라 꼭 명당이 아니어도 무난하게 공연을 관람할 수 있다. 사람들이 많이 다니는 통로와 인접한 자리, 전광판이 거의 보이지 않는 자리만 피하면 된다. 돗자리 크기는 페스티벌에 따라 규격이 정해진 곳도 있으므로 사전에 확인하자.

돗자리존에 오래 머무를 예정이라면 태양을 피하는 방법에 유의하자. 뙤약볕을 정면으로 마주하는 돗자리존에 오래 앉아 있다 보면 피부가 실시간으로 익어가는 것이 느껴진다. 한낮에는 무대를 바라보기 힘들 정도로 햇빛이 강렬할 때도 있다. 이에 선크림과 선글라스는 필수. 양산이나 우산을 가림막으로 이용하거나, 얇은 겉옷을 챙기는 것도 좋다.

돗자리존 아이템으로는 그라운드 체어가 유용하다.

아무리 평화로운 잔디밭이라지만 바닥에 오래 앉아 있으면 허리와 엉덩이는 평화롭지 않은 상태가 되기 때문이다. 다리가 있는 캠핑 의자는 뒷사람의 시야를 가릴 수 있기에, 다리 없이 등만 기댈 수 있는 그라운드 체어가 적합하다. 그라운드 체어는 박스처럼 단단한 골판지 재질로 간단하게 조립할 수 있다. 때때로 이벤트 부스에서 나눠주기도 한다.

공연 중 아티스트가 돗자리존에 있는 관객들을 언급하며 뒤에서도 잘 즐기고 있는지 안부를 묻거나, 이번 노래는 다 같이 따라 불러 달라고 요청하는 것도 소소한 재미다. 돗자리존에서도 아티스트의 떼창과 플래시 요청에 적극 참여해 보자.

♩ **샛별 _** EDM 페스티벌은 장르 특성상 가만히 앉아서 즐길 수 없는 분위기라 돗자리존이 없는 것 같아요. 저도 어딘가에 걸터앉아서 쉬면 쉬었지, 앉아서 공연을 즐겼던 기억은 없네요.

♪ **하이린 _** 남는 게 체력이었던 20대 초반엔 페스티벌에 돗자리를 가져간다는 개념을 이해하지 못했죠. 뛰어 노느라 바닥에 엉덩이 붙일 시간 따위 없었거든요. 이제는 꼭 중간중간 돗자리존으로 피신해서 쉬어줘야 합니다.

❽ 부스와 편의시설

F&B

    페스티벌도 식후경. 페스티벌에서의 식사는 풍류와 생존의 필수 요소다. 보통 F&B 부스는 10~20개 정도 입점되며 메뉴는 한식·일식·중식·양식까지 다양하다. 보통 피자, 닭강정, 케밥, 스테이크, 덮밥, 오코노미야키, 분식, 감자튀김, 새우튀김 같은 메뉴가 판매된다. 식사류 외에 맥주, 칵테일, 커피, 탄산음료, 아이스크림 등 음료와 간식도 사 먹을 수 있다.

    여름 페스티벌에선 시원하고 새콤달콤한 김치말이 국수가 유명해 '숨은 헤드라이너 김말국'이라 불리기도 한다. 다양한 브랜드에서 김말국을 판매하지만 그중에서도 '깡치네'가 가장 유명하다. 예전에는 저녁 시간에만 줄이 생기고 낮이나 밤에는 편하게 김말국을 먹을 수 있었는데, 최근에는 앱으로 미리 주문해 두거나 오전에 일찍 먹지 않으면 품절될 정도로 인기 메뉴가 됐다.

    서울이 아닌 다른 지역에서 열리는 페스티벌이라면 해당 지역에서만 맛볼 수 있는 전통 음식에 도전해보는 것도 묘미다. 철원에서 열리는 DMZ

피스트레인에서는 오대쌀 식혜, 오대쌀 뽕잎 핫도그, 뽕잎 호떡을 팔았고, 전주 얼티밋 뮤직 페스티벌에서는 전북 익산에서 생산되는 '익산 농협 생크림 찹쌀떡'과 임실 치즈가 들어간 피자를 판매하기도 했다. 부산 락페에서는 부산 명물인 돼지국밥과 소주 '대선'을 판매한다.

맥주를 좋아하는 사람에게는 페스티벌에 어떤 맥주 브랜드가 입점하는지가 또 하나의 관전 포인트다. 페스티벌에서 마시는 맥주는 분위기 덕분에 웬만하면 다 맛있어지긴 하지만, 여전히 맥주 맛은 중요하다. 맥주 브랜드는 페스티벌의 공식 스폰서로 참여하기 때문에 브랜드 하나가 몇 년 동안 같은 페스티벌에 입점하기도 하고 매번 바뀌기도 한다.

때로는 노느라 여념이 없어서 밥 먹을 시간이 없는 불상사도 생긴다. 밥을 굶고도 놀 수 있는 나이와 체력이라면 그럴 수 있다. 부럽다. 열량을 섭취하지 않고서는 놀 수 없고 웨이팅도 피하고 싶은 사람이라면 오후 3~4시쯤 애매한 시간에 밥을 미리 먹어두길 추천한다. 만인의 배꼽시계가 울릴 저녁 6~7시에 음식을 사러 간다면 핫플레이스 맛집보다 긴 줄을 서거나, 북새통 속 식사를 하게 되거나, 중요한 저녁 시간대 공연을 놓칠지도 모른다. 앱 주문 없이 직접 줄을 서서 음식을 구매해야 하는 페스티벌이고 일행이 있다면 동선을 쪼개 한 명이 감자튀김을 사 오는 동안 다른 한 명은 맥주를 사 오는 식으로 역할을 분담하는 것도 방법이다.

결제는 카드와 현금 모두 가능한데, 가끔 특정 카드만 되는 경우가 있다. 왜 그럴까 싶다면 대형 스폰서가 어디인지 살펴보자. 요즘은 페스티벌 측에서 플랫폼 앱과 공식 연계하여 결제 수단으로 활용하는 추세다. 앱에서 음식을 미리 결제한 뒤 부스에 방문해 수령하면 줄 서서 오래 대기하지 않아도 된다는 장점이 있다. 하지만 현장에서 붐비는 인파로 인해 휴대폰 데이터가 잘 터지지 않을 수 있고, 음식을 정해진 시간에만 수령하러 가야 한다는 불편함이 따른다. 가격은 행사장 물가가 적용돼 가성비가 썩 좋지 않다는 점을 감안하자.

♪ 하이린 _ 페스티벌에서 마시는 맥주는 맥주 맛 아닙니다. 꿀맛입니다. 그리고 더운 페스티벌에서는 아이스크림이나 빙수도 추천합니다. 열사병으로 쓰러질 것 같았던 여름 페스티벌에서 딸기 빙수 한 입 먹었을 때, 그 천국 같았던 감각이 잊히지 않아요.

♪ 샛별 _ 적당한 음주는 흥을 돋우고 더욱 신나게 페스티벌을 즐길 수 있게 해주지만, 지나친 음주는 본인과 주변 사람을 힘들게 합니다. 특히 필름이라도 끊긴다면 페스티벌 하루치 기억이 몽땅 날아갑니다. 네, 경험담이고요…. 후지록에서 포스트 말론 공연을 본 기억이 없는데, 사진첩엔 남아있더라고요(?)

MD 부스

*Merchandise

MD*부스에서는 티셔츠, 슬로건, 가방, 모자, 키링, 스티커, 기타 피크, 핀 버튼 등 페스티벌에서 공식으로 제작한 상품을 판매한다. 그중에서도 슬로건과 티셔츠의 인기가 가장 높다.

'나는 OO년에 OO 페스티벌을 다녀온 사람'이라고 증명할 수 있으며, 이후 다른 페스티벌에 갈 때마다 두고두고 입을 수 있기 때문이다. 등판에 라인업이 인쇄된 티셔츠를 착용하면 어깨가 약 3cm 올라가고 의기양양해지는 효과가 있는데, 이러한 탓에 티셔츠 디자인이 만족스럽지 않더라도 구매하는 관객이 많다. 물론 디자인이 예쁘면 더 잘 팔린다. 페스티벌 측에서는 종종 유명 브랜드 또는 일러스트 작가와 협업하여 MD 디자인의 퀄리티를 높이기도 한다.

페스티벌 굿즈 (2024 ver)을 획득했다! ▼

아티스트 굿즈나 음반도 있는데, 특히 해외 아티스트의 공식 MD를 살 수 있는 절호의 기회다. 온라인으로 주문하면 해외 배송료가 붙고 오래 기다려야 하며 배송 과정에서 분실될 수 있다는 위험이 따르지만, 페스티벌에서는 현장에서 바로 구매할 수

있다. 페스티벌에서 새롭게 관심 가는 아티스트를
발견했다면 아티스트 굿즈를 하나 사보는 것도
추천한다.

MD는 구입한 날 바로 갈아입거나, 첫째 날 사서
둘째 날 개시하는 재미가 있다. 인기 있는 MD는 빨리
사지 않으면 품절될 수 있으니, 꼭 갖고 싶은 품목이
있다면 입장하자마자 구매하는 것이 안전하다.
최근엔 조기 품절과 긴 대기 줄을 방지하기 위해
온라인으로 선주문을 받는 방식도 채택하고 있다.

♪ 샛별_라인업 티셔츠는 시간이 지날수록 가치가 더해지는
추억이자 역사가 됩니다. 오아시스가 헤드라이너로 새겨진
2009년 지산밸리 라인업 티셔츠가 그렇게 마지막 유산이 될
줄은 꿈에도 몰랐는데 말이죠….

이벤트 부스

이벤트 부스는 크게 세 가지로 나뉜다. 브랜드 홍보
부스에서는 제품 샘플부터 페스티벌에서 쓰기 좋은
부채, 그라운드 체어, 물, 음료, 간식 같은 것들을
나눠준다. 브랜드 부스만 한 바퀴 돌아도 페스티벌에
필요한 준비물이나 살림살이를 쏠쏠하게 장만할 수
있다. 이벤트 참여 방법은 간단한 편이다. 브랜드의
공식 채널을 팔로우하고 룰렛을 돌리거나, 특정
해시태그와 함께 소셜 미디어 게시물을 올리는 식이다.
시간이 지날수록 줄이 길어지고 사은품이 소진되는
경우도 있으니, 보고 싶은 아티스트가 많다면 브랜드
부스는 입장 직후나 오전 중 빠르게 방문하는 것을
권장한다. 솔플 관객은 이벤트 부스를 돌면서 것 부내

전까지 시간을 알차게 보낼 수 있다.

    관객이 직접 참여하는 콘텐츠 부스에서는 맥주 빨리 마시기 대회, 소리 지르기 대회, 백일장, 노래방, 베스트 드레서 선정 등 콘테스트가 진행된다. 순위에 따라 수상자를 선정해 다음 연도 페스티벌 티켓, 페스티벌 공식 굿즈, 아티스트 사인 굿즈 등 섭섭하지 않을 정도의 경품을 증정하기도 한다. 스테이지가 아티스트의 무대라면 이곳은 관객의 무대다. 다들 어디 숨어 있었는지 비범한 관객들이 별안간 나타나 예사롭지 않은 끼와 실력을 발휘한다. 조금 전까지만 해도 공연을 하던 아티스트가 참가자로 등장해 이목을 끌 때도 있다.

    마지막으로는 미끄럼틀, 트램펄린, 수영장, 놀이기구 같은 오락 부스가 있다. 공연 볼 땐 음악과 라이브에 몰입해 순수를 경험했다면, 여기서는 정말 어린아이처럼 놀면서 동심으로 돌아갈 수 있다. 페스티벌 관객이라면 오락 부스는 별도 비용을 지불하지 않고 이용할 수 있다. 서울랜드에서 개최되는 페스티벌은 가끔 서울랜드 내 놀이 기구를 탈 수 있게 해준다.

    그 외 미리 번호표를 배부해 아티스트 사인회를 진행하는 사인회 부스, 작게 디제잉이 열리는 디제잉 부스, 페이스 페인팅이나 타투 스티커 부스, 그물침대나 빈백 소파에 누워서 쉴 수 있는 휴식존, 에어컨을 틀어두는 실내 쿨링존, 어린이 관객이 놀 수 있게 놀이시설이 마련된 키즈존까지 다양한 이벤트 부스가 있다. 어떤 부스와 콘텐츠가 운영되는지에 따라 각 페스티벌만의 차별화된 매력을 엿볼 수 있다.

포토존

페스티벌마다 로고나 아트워크를 활용해 페스티벌의 전체적인 무드를 나타내는 공식 포토존이 마련된다. 포토존에는 항상 사진을 찍기 위해 기다리는 사람들이 있으므로 입장과 동시에 빨리 찍어두거나, 보고 싶은 공연이 없을 때를 활용하길 바란다. 솔플 관객이라면 줄에서 앞이나 뒷사람을 섭외하자. 사진을 부탁할 때 상대방도 사진이 필요한지 물어보고 서로 돕는 아름다운 장면을 연출해 보자.

요즘에는 포토부스도 흔히 찾아볼 수 있다. 해당 페스티벌만의 고유한 프레임에 사진을 찍을 수 있는데, 출연하는 아티스트와 함께 사진을 찍는 것처럼 나오는

프레임은 팬들에게 더욱 인기가 좋다. 다만 일반 포토존보다 줄이 훨씬 길기 때문에 오랜 시간 대기할 각오를 해야 한다.

화장실

유감스럽게도 페스티벌 화장실은 변소 목적에만 충실하다. 대부분 컨테이너 화장실이라 비좁고 그다지 위생적이지 않다. 쓰레기통은 꽉 차다 못해 넘치고, 세면대엔 가느다란 물줄기만 겨우 나오는 일이 부지기수이므로 기대하지 않는 편이 좋다. 드물게 화장실에 에어컨을 틀고 핸드워시까지 비치해두는 페스티벌이 있는데, 이런 곳은 페스티벌의 꼼꼼함을 확인할 수 있는 척도가 되어 마음속으로 가산점이 붙는다. 페스티벌은 많은 사람들이 몰리는 대형 행사인 만큼 화장실 앞에 긴 줄이 생기곤 한다. 무대와 가까운 화장실보다는 구석에 위치한 화장실이 그나마 줄이 짧으니, 급할 때는 좀 더 걷는 것을 추천한다.

의료부스, 흡연구역

모든 페스티벌엔 의료부스와 흡연구역이 있으며 맵에서 위치를 확인할 수 있다. 아무리 음악이 좋대도 건강이 우선이니 이상 증상이 나타난다 싶으면 바로 의료부스에 방문하자. 흡연은 지정된 흡연구역에서만 하는 것이 기본 매너라는 걸 이 책의 멋진 독자들은 모두 알 거라 믿는다.

❾ 날씨

페스티벌의 큰 복병은 날씨다. 주최 측이 아무리 철두철미하게 준비하고 만전을 기하더라도 인간의 뜻으로 통제할 수 없는 영역이다. 관객도 티켓을 예매할 때부터 페스티벌 당일에 날씨가 어떨지 모른다는 리스크를 감수해야 한다. 하지만 이런들 어떠하며 저런들 어떠하리. 시간이 지나면 힘들었던 기억도 추억 필터가 씌워져 낭만으로 미화된다. 재난 수준의 위험한 날씨만 아니라면 날씨로 겪는 고생 또한 재미로 승화시킬 수 있다. 여기서는 햇빛, 비, 폭염, 일교차 등 페스티벌에서 경험할 수 있는 날씨와 그에 따른 요령을 소개한다.

햇빛

맑은 날의 페스티벌 풍경은 굉장히 아름답다. 물감을 끼얹은 것처럼 새파란 하늘을 배경으로 청량한 음악이 울려 퍼지는 장면을 상상해 보자. 사진은 아무렇게나 찍어도 잘 나온다. 하지만 날씨가 맑다고 마냥 좋은 것만은 아니다. 그만큼 직사광선도 강해지기 때문이다. 선크림을 꼼꼼히 바르지 않으면 볼과 콧대가 벌겋게 익을지 모른다.

많은 사람들이 봄가을 페스티벌의 날씨를 간과하는데, 한낮의 야외 스테이지는 계절을 가리지 않고 볕이 따갑다. 티셔츠 소매 아래로 노출된 부분만 타서 고무장갑 낀 팔을 얻어 가거나, 정수리에 따끈따끈한 두피 화상을 입는 사람들이 의외로 많다. 한여름이 아니라는 생각에 방심하는 것이다. 이 책의 기획 단계에서 관객들의 사연을 모집했을 때도 5월과 9월에 열리는 봄가을 페스티벌을 얕봤다가 화상을 입었다는 사연이 꽤 많았다. 야외 페스티벌은 음악으로 버티는 태양과의 사투라고 봐도 무방하다. 앞서 준비물 단계에서 언급했던 모자, 슬로건, 양산, 겉옷 등 자신에게 맞는 아이템을 챙겨 햇빛에 최대한 대비하자.

비

'쇼 머스트 고 온*'이라고 했던가. 페스티벌은 비가 와도 정상 진행되며, 우천으로 인한 당일 취소나 환불은 불가능하다. 국내 페스티벌에서는 통상적으로 '1일 강수량이 50mm 이상일 경우 주최 측의 판단 하에 일정을 중지할 수 있음'을 규정으로 한다. 앞이 안 보일 정도로 비가 내리면 페스티벌을 취소할 수도 있다는 얘기다. 폭우로 페스티벌이 취소된 사례는 많지 않다. 펜타포트의 전신인 1999년 트라이포트 락 페스티벌에서 기록적인 폭우로 둘째 날 공연이 전면 취소된 바 있다. 개최할 때마다 비가 오는 바람에 '뷰민라' 대신 '비민라'라고도 불리는 뷰티풀 민트 라이프는 우천으로 2016년 둘째 날 일정을 축소하기도 했다. 저녁부터 공연 시간을 줄이고 일부

*Show must go on

공연은 실내 스테이지로 옮겨 진행했다. 추후 별도의 애프터서비스 공연을 열었는데, 아주 드문 사례에 속한다.

비가 오면 어쩔 수 없이 관람에도 애로사항이 생긴다. 빗물을 막기 위해 무대에 천막을 치는데, 원래도 멀어서 잘 안 보이는 드러머가 어둠 저 너머로 사라진다. 최애가 드러머인 사람은 절규를 면치 못한다. 돗자리존은 비가 오면 스탠딩존보다 더 고생스러울 수 있다. 돗자리에 빗물 웅덩이가 고이기 때문이다. 간혹 충전 단자에 빗물이 들어가 휴대폰이나 보조배터리 등 전자기기가 고장 나는 경우도 있다. 스탠딩존에서는 우산을 쓸 수 없고, 우비만 허용된다. 뒷사람의 시야가 차단되거나 우산에 찔릴 위험이 있기 때문이다. 이에 비 소식이 있으면 주최 측에서 우비를 준비하기도 한다. 예보 없이 갑작스럽게 비가 내리는 경우에도 인포메이션 부스나 입구에서 무료로 우비를 나눠준다. 하지만 우비 배포는 의무가 아닌 서비스인만큼 주최 측에서 해결해 주기만을 바라지 말고 각자 대비하자.

아이러니하게도 많은 덕후들이 가장 기억에 남는 페스티벌로 비가 왔던 경험을 꼽는다. 우산도 없이 온몸으로 비를 맞으며 뛰어노는 행위는 확실한 일탈 경험이 되기 때문이다. 적당히 고생한 기억은 오히려 미화가 잘 되는 법이다. 비와 관련된 노래를 비 맞으며 들을 수 있다는 것도 페스티벌에서만 경험할 수 있는 특별한 순간이다. 스코틀랜드 밴드 트래비스가 1999년

글래스톤베리 페스티벌에서 'Why Does It Always Rain On Me?'를 부르는 순간 비가 내렸다는, 말도 안 되는 일도 종종 일어난다. 하루 종일 화창하다가 정확히 이 노래의 첫 소절을 부를 때 비가 내리기 시작했고, 노래가 끝나자 비가 그쳤다고. 2014년 펜타포트에서도 비 오는 날 이 노래를 부르며 비슷한 장면을 연출해 국내 페스티벌 덕후들 사이에서 길이 회자되는 무대로 남았다.

♩ **샛별** _ 양극단의 날씨는 모두 힘들지만 비가 와서 고생했던 페스티벌이 더 기억에 남아요. 평소에 겪지 못하는 경험이라 그런 것 아닐까요. 일상에서 몇 시간씩 비를 맞는 경우는 없으니까요. 언제 이렇게 비 맞으며 놀아보겠나요. 저는 오히려 귀한 경험이라 여기며 모든 걸 내려놓고 놀게 되더라고요.

♬ 비 오는 날 페스티벌에서 듣는다면 명장면 연출할 노래
- 에픽하이, 윤하 우산
- 선우정아 비온다
- 김뜻돌 비오는 거리에서 춤을 추자
- 라쿠나 춤을 춰요 (Dancing in the Rain)
- NELL Standing In The Rain
- 잔나비 November Rain
- 폴킴 비
- 몽니 소나기
- Travis Why Does It Always Rain On Me?
- Lauv Paris in the Rain

더우면 그게 낭만이고…,   추우면 그것도 낭만이다….

@rl0.a7w4ldb3님의 사연을 바탕으로 그린 만화입니다.

폭염

    7·8월에 열리는 페스티벌에서 흔히 겪는 날씨로 여름이 성수기인 락페에서 주로 경험하게 된다. 30도를 넘기는 폭염에 습도까지 더해지면 관객들의 체감 온도는 35~40도를 웃돈다. 이렇게 더운 날씨엔 입장 줄을 설 때부터 진이 빠진다. 가뜩이나 '락은 죽었다'며 허구한 날 생사 여부를 의심받는데 페스티벌마저 한여름에 열리다니. 여러모로 고생스러운 장르다.

    폭염주의보가 내려진 날에도 현장에선 더욱 뜨거운 열을 내뿜는 공연이 펼쳐진다. 태양이 작열하는 낮에는 너무 더워 공연에 완전히 집중하기 어려울 수 있다. 생수 3병을 비웠는데 더위에 땀을 너무 많이 흘려 화장실에 한 번도 가지 않았다는 괴담이 현실이 된다. 그러다 보면 '이 더위에 돈 내고 바깥에 서 있는 걸로도 모자라 뛰어놀기까지 하다니. 다들 음악이 그렇게도 좋을까', '여기 온 사람들은 다들 미친 게 아닐까'라는 생각이 자연스럽게 든다.

    무대 위 아티스트도 힘든 건 마찬가지다. 페스티벌에 있는 모두가 천국과 지옥을 동시에 경험한다. 급기야는 '왜 한여름에 페스티벌을 열까'라는 근본적인 의문까지 제기하게 된다. 하지만 그깟 더위에 굴복할 순 없다. 살아남아야 공연을 즐길 수 있다. 폭염의 페스티벌에서 유념할 사항과 몇 가지 팁을 소개한다.

▸ 물을 많이 마시자. 무대 위 아티스트도 물을 많이 마시라는 말을 수시로 할 것이다. 얼음물, 손풍기, 쿨타월, 쿨패치 등 더위를 식혀줄 수 있는 아이템도 최대한 활용하자.

▸ 건강과 직결된 문제이므로 무리하면 안 된다. 중간중간 그늘을 찾아 쉬고, 더위로 이상 증세가 나타나는 것 같다면 의료 부스에 방문하자. 의료 부스에선 이온음료와 포도당 사탕을 주기도 한다.

▸ 더위 때문에 식욕이 사라져 입맛이 없을 수도 있지만 식사를 거르지 말자. 든든한 밥이나 고열량의 튀김류 음식을 추천한다. 시원한 음식으로 더위를 식혀볼 수도 있다.

▸ 페스티벌에 따라 에어컨을 틀어둔 실내 쉼터를 마련하기도 하니 운영 여부를 확인해 보자. 실내 스테이지가 있는 페스티벌이라면 잠시 실내로 대피하는 방법도 있다. 도저히 못 참겠으면 수돗가에서 등목하듯 찬물을 끼얹어보자.

▸ 페스티벌 전날 냉동실에 생수병을 미리 얼려두자. 얼음물을 챙겨가면 얼어 있는 동안은 시원한 얼음팩으로 사용할 수 있고, 얼음이 녹은 뒤에는 물로 마실 수 있어 일석이조다.

♪ 샛별 _ 무더운 날씨로 악명 높은 일본 섬머소닉을 처음 갔을 때의 일화입니다. 무리하게 놀다가 일사병 전조증상으로 심장이 쿵쾅거리고 호흡이 가빴던 경험이 있어요. 어렵게 해외까지 왔는데 마지막 공연까지 보겠다며 스탠딩존에서 버텼거든요. 지금 생각하면 아찔하네요.

폭염때문에 스탠딩존에서 뽑혀나간 이야기

일교차

봄가을 페스티벌에서 특히 유념해야 할 사항이다. 낮에는 분명 반소매만 입어도 될 정도로 더웠는데 저녁이 되면 급격히 쌀쌀해진다. 잔디밭에 깔아둔 돗자리엔 촉촉하게 이슬이 맺힌다. 10월과 11월에 열리는 가을 페스티벌은 밤에 입김이 나올 정도로 온도가 떨어지기도 한다. 설상가상으로 비까지 온다면 조명에 맞춰 입술이 파래지고 리듬에 맞춰 이가 딱딱 부딪힐 수 있다. 추위에 마지막 공연을 포기하고 집으로 돌아가는 사람도 생긴다.

심한 일교차가 예상된다면 바람막이, 카디건, 후드 집업 등 외투를 챙기자. 돗자리존에 앉아서 관람할 예정이라면 핫팩과 담요도 추천한다. 추위를 많이 탄다면 경량 패딩을 가져가는 것도 전혀 호들갑이 아니다. 더운 낮 시간 동안 외투가 짐이 될까 걱정된다면 물품 보관소를 이용하면 된다. 돈이 조금 드는 대신, 낮 공연을 편하게 관람할 수 있다.

외투가 없다면 스탠딩존에서 뛰어놀며 몸에 열을 내보자. 스탠딩존에서 열심히 뛰어노는 관객들이 내뿜는 열기는 굉장하다. 펭귄들이 '허들링*'으로 체온 유지를 위해 뭉치는 것처럼 스탠딩존에서 사람들과 모여 있으면 실제로 보온 효과가 생긴다. 쌀쌀한 저녁 날씨엔 이만한 핫팩이 없다.

*Huddling

❿ 귀갓길

　페스티벌은 마지막 공연이 끝나는 시간이 곧 종료 시간이다. 헤드라이너 뒤에 예정된 공연이 더 이상 없을 때는 앙코르가 생각보다 길어지기도 한다. 타임테이블을 자세히 보면 각 무대의 가장 마지막에는 '80 min+'와 같이 더하기 표시가 붙어 있을 때도 있는데, 공연 시간이 예정보다 길어질 수 있다는 뜻이다. 자정을 넘어서도 공연과 디제잉, 댄스파티가 이어지는 페스티벌은 새벽 서너 시에 끝나기도 한다.

　이대로 시간이 멈췄으면 좋겠다고 생각했던 순간들이 지나고 마지막 공연이 끝나면 전광판에는 관객을 향한 작별 인사가 나온다. 1일차에는 '내일 만나요', 모든 일정이 종료되었을 땐 '올해 페스티벌에 함께해 주셔서 감사합니다. 내년에 다시 만나요' 같은 문구가 적혀 있다. 이런 마지막 인사는 꿈만 같던 페스티벌이 끝나고 현실로 복귀해야 한다는 사실을 일깨워준다. 가끔씩 관객에게 진심 어린 감사 메시지를 건네는 곳도 있다. 이런 마무리는 페스티벌 주최 측의 정성과 진심이 느껴지고, 관객을 섬세하게 챙긴다는 인상을 줘 내년에 다시 오고 싶다는 생각이 들게 한다. 페스티벌에 따라 엔딩 크레디트를 올리는

▲ '락페' 가려고 현생 탈출한 사람들… "집에 안 가" 경찰과 실랑이

곳도 있고, 폭죽을 터뜨리며 불꽃놀이로 화려한 피날레를 장식하는 곳도 있다. 피날레를 보면 이렇게 또 한 계절을 보냈고, 행복한 추억을 새겼다는 생각이 스친다.

하지만 소회에 젖는 것도 잠시, 집으로 돌아가는 길 역시 페스티벌의 연장선이다. 입장할 때는 관객마다 페스티벌에 도착하는 시간이 조금씩 달라 인파가 분산되지만, 종료 후에는 마지막 공연까지 다 보고 돌아가는 경우가 많아 사람이 몰린다. 행사장 근처에 차가 막히는 것은 물론이고 대중교통도 가득 찬다. 빠르고 쾌적하게 귀가하고 싶다면 공연을 끝까지 보지 않고 나오는 방법도 있다. 헤드라이너에 큰 미련이 없고 편하게 앉아서 돌아가는 것이 중요하다면 귀가를 서둘러 보자.

  녹초가 되어 대중교통에 몸을 실으면 페스티벌 팔찌를 착용한 채 상당히 지친 행색의 동지를 여러 명 발견할 수 있다. 친구와 페스티벌 감상을 나누거나 페스티벌에서 찍었던 사진과 영상을 보며 몇 시간 전으로 다시 돌아가고 싶은 기분에 빠진다. 조용히 눈을 감고 이어폰으로 음악을 들으며 귀가하는 사람도 있다. 조금 전까지만 해도 페스티벌에서 광기를 표출하며 놀았던 우리가, 금세 이렇게 평범하고 차분한 일상으로 돌아왔다는 점이 어딘가 새삼스럽게 느껴진다. 페스티벌 종료 후 버스나 지하철에서 앉아 가기란 쉽지 않지만, 집에 도착하면 여느 때보다 개운할 샤워와 달콤한 침대가 기다리고 있으니 종아리가 으스러질 것 같고 힘들어도 조금만 견뎌보자.

페스티벌이 끝나면 만날 수 있는 동지들

▼ 대중교통

▼ 숙소 가는 길

▼ 근처 식당

@10csh9님의 사연을 바탕으로 그린 만화입니다.

Stage # 3

페스티벌에 다녀와서

- ▸ 애프터 파티와 뒤풀이
- ▸ 분실물
- ▸ 팔찌 보관
- ▸ 후기 작성
- ▸ 단독 공연
- ▸ 자원활동가
- ▸ 해외 페스티벌

❶ 애프터 파티와 뒤풀이

페스티벌은 끝났지만 여흥이 가시지 않아 이대로 순순히 돌아갈 수 없다! 아직 체력도 고갈되지 않았다! 이런 사람이라면 애프터 파티나 뒤풀이에 참석하는 방법이 있다.

월디페, 울트라 코리아 등 EDM 페스티벌은 클럽과 연계하여 공식 애프터 파티를 주최한다. 애프터 파티는 페스티벌 개최 장소가 아닌 강남이나 이태원 소재 클럽에서 열리며, 페스티벌이 끝난 새벽 시간대에 진행된다. 페스티벌 팔찌를 찬 사람은 클럽에 무료로 입장할 수 있다.

음악 덕후들의 비공식 뒤풀이도 있다. 주로 뮤직 펍, 소규모 클럽 공연장 등 덕후들이 많이 모이는 장소에서 이루어진다. 페스티벌 측과 공식적으로 연계해 진행하는 건 아니지만 해당 장소에서 페스티벌 뒤풀이를 주제로 디제잉 파티를 기획한다. 별다른 공지 없이 음악을 좋아하는 사람들끼리 뜻이 통해 알아서 모이는 경우도 많다. 홍대 라이브 클럽 'FF', 이태원 뮤직 펍 '펫사운즈', 부산 라이브 클럽 '오방가르드'가 대표적인 장소다.

페스티벌에서 공연했던 아티스트가 예고 없이 애프터 파티에 급습하는 일도 있다. 다른 관객들처럼 그냥 놀다 가거나, 깜짝 공연을 진행하기도 한다. 밴드보다는 DJ가 게릴라 공연을 할 때가 많은데, 챙길 악기가 많은 밴드보다는 공연을 위한 세팅이 쉽기 때문이다. 이렇게 애프터 파티에 아티스트가 다녀가면 우연히 목격한 사람들의 생생한 목격담이 소셜 미디어에 올라온다. 하지만 '덕계못*'은 유구한 진리. 아티스트를 마주칠지도 모른다는 기대를 품고 애프터 파티에 가면 아무 일도 일어나지 않는다. 별생각 없이 놀러 간 사람만 깜짝 방문한 아티스트를 마주치기 마련이다.

*덕후는 계를 못 탄다

페스티벌 직후에 열리는 뒤풀이에 참석하지 못했다면 *페스티벌 라이프*가 준비하는 연말 파티에 참여하는 방법도 있다. 음악을 사랑하는 덕후들이 한 해 동안 다녀온 공연과 페스티벌을 돌아보고 서로의 음악 취향을 공유하는 모임이다. 페스티벌 후기는 언제 나눠도 재밌는 법이니 이런 자리도 노려보자.

❷ 분실물

 페스티벌에 영혼만 두고 온 게 아니라 소지품도 두고 왔다면? 내 청춘만 두고 온 게 아니라 모자도 흘리고 왔다면? 너무 걱정할 것 없다. 이런 사람 한둘이 아니다. 소지품을 잃어버렸다는 건 물건이 몸에서 떨어져 나가는 것도 모를 정도로 순간에 최선을 다해 놀았다는 뜻. 지나간 순간은 다시 되찾을 수 없지만, 물건은 되찾거나 다시 구입하면 된다.

 보통 분실물은 페스티벌 종료 후 일괄 공지된다. 페스티벌에서 습득된 물건을 목록으로 정리하거나 사진을 첨부해 안내하는데, 오매불망 찾던 분실물을 극적으로 발견할 수도 있다.

 분실물 종류는 카드 지갑이나 립스틱처럼 흘리기 쉬운 것부터, 같은 팬이라면 이걸 잃어버렸다는 생각에 내가 다 아찔해지는 아티스트 슬로건, 집에는 어떻게 돌아갔을까 걱정되는 차 키까지 다양하다. 그 외 가방, 외투, 모자, 신발, 우산, 텀블러, 보조배터리, 손수건, 머리끈, 인형, 포토카드 등 분실물 게시물만 참고해도 페스티벌에 챙겨가면 좋을 준비물을 알 수 있을 정도다. 특히 여름 페스티벌 분실물은 손풍기, 자외선

차단 선캡 등 최선을 다해 더위와 싸운 흔적이 역력해 게시물에서부터 어딘가 짠함이 느껴지기도 한다.

분실물을 되찾는 방법은 간단하다. 페스티벌에서 요구하는 양식에 따라 이름, 연락처, 주소 등 기본적인 내용을 작성해 보내면 된다. 접수가 확인되면 소지품이 착불 택배로 발송되며, 기간 내 연락을 취하지 않으면 폐기 처리된다.

참고로 주민등록증과 운전면허증을 비롯한 신분증은 택배로 발송하지 않고 바로 경찰서나 관할 주민센터에 인계하는 경우가 많다. 지갑 없이 단독으로 발견된 신용카드나 체크카드는 보안 상의 이유로 잘라서 폐기하기도 한다.

분실물 게시물에도 없고 분실 신고를 접수했는데도 페스티벌로부터 연락이 없다면 분실물이 발견될 가능성은 거의 없다고 보면 된다. 아쉽지만 페스티벌 짬밥 레벨 업했단 생각으로 포기하고 보내주자.

♪ 하이린_ 티머니가 유일한 결제 수단이었던 페스티벌에서 3만 원 가량 충전된 티머니 카드를 잃어버렸던 적이 있어요. 혹여나 페스티벌 종료 후 분실물 게시물에 올라오지 않을까 기대해 보았지만 역시나 없었답니다. 누군가 맥주 마시고 밥 먹는 데 알차게 썼길 바랍니다. 하하.

♪ 샛별_ 죄송하지만 잘 썼습니다! 저도 어떤 페스티벌에서 티머니 카드를 주웠는데, 주인을 찾을 길이 없어 맥주 마시는 데 요긴하게 썼습니다. 인생사 돌고 도는 법이라더니, 이후로 저도 티머니 카드를 잃어버린 적이 있어요. 누군가 맥주 마시는 데 알차게 썼길 바랍니다. 하하.

무소유 상태였지만 오히려 충만해진 이야기

@thepi11ows님의 사연을 바탕으로 그린 만화입니다.

❸ 팔찌 보관

  페스티벌 입장 팔찌는 페스티벌 고어*들에게 귀중한 수집품이다. 입장 팔찌를 버리지 않고 모아두면 그동안 어떤 페스티벌에 다녀왔는지 한눈에 확인할 수 있다. 팔찌의 상태가 더러우면 더러울수록 고된 날씨 속에서 치열하게 놀았다는 증거다. 페스티벌 현장에서 내내 착용하고 있었기에 그날의 추억을 되새길 수 있는 소중한 전리품이 된다.

*Festival Goer

  팔찌는 입장할 때 스태프가 직접 채워주는데, 처음부터 여유롭게 착용할 수 있게 요청하면 좋다. 그래야 나중에 팔찌를 훼손하지 않고 보관할 수 있다. 여기서는 팔찌를 제거하는 몇 가지 방법을 안내한다. 종이, 원단, PVC 등 팔찌 재질과 종류에 따라 방법이 다양하다.

죽기 살기로 안간힘을 다하기

  우선 도구 없이 시도해 보자. 팔찌가 이미 타이트해 보여도 안간힘을 다하면 빠지는 경우가 많다. 엄지와 새끼손가락을 최대한 오므려 손 폭을 손목 크기와 비슷하게 만들어 뺀다. 그래도 잘 안 빠진다면 어떻게든 엄지 관절 밖으로만 빼 보자. 엄지 관절이 큰

걸림돌인데 이것만 성공하면 100% 빠진다.

아무리 해도 고통만 따르고 빠지지 않는다면 도구를 활용해 보자. 주변 사람에게 도움을 요청하는 것도 좋다. 혼자서 한 손으로 도구를 사용하는 것보다 다른 사람이 도와주는 것이 훨씬 간단하고 안전하다. 이어서는 팔찌 재질에 따라 구체적인 방법을 소개한다.

원단 팔찌 빼는 법

▸ 느슨한 정도 1단계 (어느 정도 틈이 있군!) :
비닐장갑이나 비닐 봉투를 팔찌 안으로 넣어 팔찌의 모든 면을 비닐로 감싸고 비닐을 당겨 팔찌를 빼면 된다.

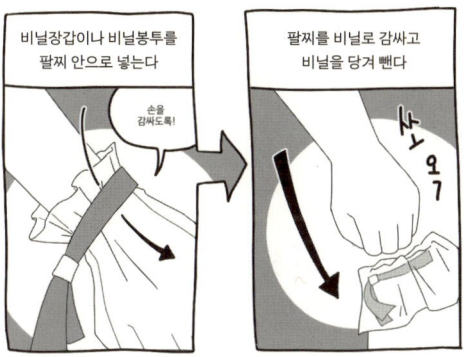

▸ 느슨한 정도 2단계 (아슬아슬하지만 도전!) :
팔찌를 고정시키는 결속 고리 안에는 뾰족한 가시가 있다. 팔찌를 조일 때는 가시가 걸리지 않지만, 반대 방향으로 결속 고리를 움직이려고 하면 가시가 원단에 걸려 빠지지 않는다. 이때는 빨대를 이용해 보자.

빨대를 반으로 잘라 팔찌 원단과 결속 고리 사이에
넣으면 가시가 팔찌에 걸리지 않게 만들 수 있다.

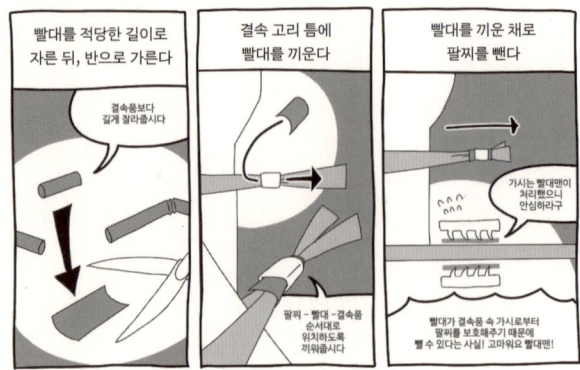

▸ **느슨한 정도 3단계 (앗! 너무 꽉 묶였다!)** : 그래도
빠지지 않는다면 결속 고리를 부수는 방법밖에 없다.
니퍼로 자르거나 주방용 가위 톱날 부분에 결속 고리를
세로로 넣고 힘껏 깨뜨리자.

PVC 팔찌 빼는 법

PVC 팔찌의 결속 부분은 똑딱이 단추와 비슷하게
생겼다. 원리는 비슷하지만 한 번 끼우면 뺄 수 없는

구조로 되어 있다. 뺄 때는 플라스틱 단추를 니퍼로 자르면 된다.

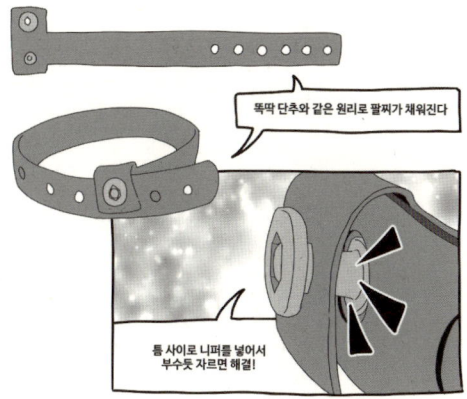

종이 팔찌 빼는 법

빼는 것이 목적이라면, 바깥쪽의 접착 부분 대신 안쪽의 접착 부분을 잡고 당기면 뜯을 수 있다. 가장 쉬운 방법이긴 하나 접착 부분에는 손상이 갈 수 있다. 열심히 뛰어놀았거나 오랫동안 접착된 상태라면 접착 부분이 눌어붙은 경우가 많아 손상 확률은 더 크다. 온전한 소장이 목적이라면 접착 시작 부분 왼쪽 끝을 가위로 자르면 된다.

그밖에 해외 페스티벌에서는 금속으로 된 결속 고리를 프레스기로 찍어 누르기도 한다. 이 경우에는 온전히 뺄 수 없고 팔찌를 잘라야 한다. 혹은 다이어트를 통해 손목을 가늘게 만들어 빼는 것도 방법이다.

팔찌 보관 우수 사례
명예의 전당

@dorami_1202

@fevalriver

♪ 샛별_ 100개가 넘는 입장 팔찌를 빼봤지만 어쩔 수 없이 결속 고리를 부수거나 가위로 자른 적도 많습니다. 팔찌 보관은 다치지 않는 선에서 안전하게 시도하세요.

♪ 하이린_ 모아둔 페스티벌 팔찌는 펼쳐서 액자에 보관하는 경우도 있고, 고리를 유지한 채 어딘가에 걸어서 보관하는 경우도 있습니다. 가방에 액세서리처럼 주렁주렁 달고 페스티벌에 오는 분들도 있더라고요.

❹ 후기 작성

　인간은 망각의 동물이다. 페스티벌은 아드레날린이 폭발하는 강렬한 경험이라 죽을 때까지 모든 순간이 선명히 기억날 것 같지만 그렇지 않다. 몇 년만 지나면 대단히 행복했거나 고생했던 순간만 드문드문 떠오르고, 나머지 기억은 언제 페스티벌에 다녀오기라도 했냐는 듯 아득하고 흐릿해진다.

　이렇게 기억이 휘발되는 것을 대비해 페스티벌에 다녀온 뒤에는 후기 작성을 추천한다. 후기를 쓰면 이번 페스티벌에서 배운 노하우를 잊어버리지 않고 다음에 참고할 수 있다. 교통이나 숙박 면에서 준비할 것이 많거나, 생긴지 얼마 안 된 페스티벌일수록 다시 갈 때 도움이 된다. 정보에 더해 생생한 감상을 박제해두는 효과도 쏠쏠하다. 시간이 많이 흘렀을 때 다시 읽어보면 그렇게 아련하고 흐뭇할 수 없다. 후기 작성은 미래지향적인 동시에 현재적인 일이기도 한데, 기억을 곱씹다 보면 후기를 적는 순간에도 페스티벌이 지속된다는 기분이 들기 때문이다.

　대표적인 후기 작성 플랫폼은 블로그다. 블로그는 고화질 사진을 여러 장 첨부하며 긴 글을 쓰기에 적합하다. 포털사이트에 검색되어 다른 이에게 읽힐 가능성도 높다. 페스티벌에 가기 전에 궁금했던 것들을 적어두면 미래의 자신뿐 아니라 해당 페스티벌에 가보지 않은 누군가에게도 도움을 줄 수 있다.

 같은 페스티벌에 다녀온 다른 사람의 후기를 읽어보는 재미도 크다. 읽다 보면 격하게 공감되는 부분에선 맞장구를 치게 되고, 잊고 있던 기억까지 되살아난다. 나와 다른 공연을 본 사람의 후기를 읽을 땐 '나랑 같은 페스티벌을 다녀온 게 맞나?' 싶다. 충분히 둘러보지 못했던 페스티벌의 면면을 새롭게 발견할 수도 있다.

 하지만 페스티벌 후기를 작성하기란 상당히 번거로운 일이다. 페스티벌에 다녀온 직후에는 체력적으로 힘들어서, 이후에는 현생이 바빠서 후기를 쓸 시간이 없다. 겨우겨우 마음을 다잡고 후기에 첨부할 사진과 영상을 고르려 사진첩을 살펴보다가 감상 모드로 바뀌는 일도 허다하다. 미루고 미루다 끝내 작성하지 못한 페스티벌 후기 때문에 마음속에 부채감을 갖고 사는 덕후들이 많겠지만, 몇 개월 뒤에

올리더라도 어떤 형태로든 기록해두길 권한다.

♪ 샛별_ 저도 앞서 다녀온 페스티벌 선배들의 후기를 읽으며 정보를 얻었어요. 사소한 내용일지라도 아직 경험하지 못한 사람들에겐 큰 도움이 됩니다. 이런 후기가 없었다면 해외 페스티벌은 아직도 제 버킷리스트에만 담겨 있었을 거예요. 후기를 보고 궁금한 점이 생긴다면 정중히 댓글을 남겨보세요. 정성스럽게 답변을 해주실 거예요. 다른 방문자들도 함께 볼 수 있게 공개 댓글로 달면 더욱 좋습니다.

❺ 단독 공연

　페스티벌은 일종의 음악 박람회. 좋아하는 아티스트는 물론이고 평소에 관심 있던 밴드, 이름은 알지만 음악은 들어본 적 없었던 팀, 전혀 몰랐던 아티스트까지 한자리에서 만나볼 수 있다. 새로운 뮤지션을 발견해 플레이리스트를 업데이트 하는 것 또한 페스티벌의 묘미인데, 큰 기대 없이 봤던 공연에서 뜻밖의 '덕통사고'를 당하기도 한다.

　한편, 페스티벌에서는 공연 시간이 짧고 들을 수 있는 곡의 범위가 제한적이라는 한계도 있다. 헤드라이너가 아니라면 한 팀당 공연 시간이 30분에서 40분 정도 배정된다. 기존 팬을 포함해 해당 아티스트를 처음 보는 일반 관객 모두를 만나는 자리이기 때문에 가장 많이 알려진 대표곡, 신나는 곡 위주로 선곡하는 경향을 보인다. 이에 페스티벌 무대를 한 번 보는 것만으로는 해당 뮤지션의 전반적인 음악 스펙트럼을 알기는 어려울 수 있다.

　페스티벌에서 처음 본 아티스트가 마음에 들었다면 아티스트의 단독 공연에 가보는 것도 추천한다. 페이지를 넘겨 심화 과정으로 넘어가 보는 것이다.

"내 속엔… 최애가 너무도 많아… 당신의… 쉴 곳… 없네…"
시인과 촌장 - 가시나무(1988) 개사

단독 공연에서는 아티스트가 선보이고 싶어 하는 음악 세계를 좀 더 면밀하게 들여다볼 수 있다. 페스티벌 분위기와 맞지 않아 제외되었던 앨범 수록곡, 비교적 덜 유명하지만 팬들 사이에서는 손 꼽히는 명곡도 밀도 있게 감상할 수 있다. 실제로 같은 뮤지션의 공연이라도 페스티벌과 단독 공연의 분위기가 사뭇 다른 경우가 있다. 공연 중 들려주는 이야기를 통해 아티스트의 스타일이나 음악적 방향성을 엿볼 수 있다.

국내 뮤지션, 특히 인디 뮤지션은 단독 공연에 가는 게 어렵지 않다. 아티스트의 공식 소셜 미디어 계정에 들어가서 단독 공연이 예정되어 있는지 확인해 보자. 아직 티켓이 오픈되기 않았다면 티켓팅에 참여할 수 있으니 최적의 타이밍이다. 이미 티켓이 오픈되었어도 걱정할 필요는 없다. 아직 꽤 괜찮은 자리가 남았을 수 있고, 공연 전까지 수시로 취소표가 나온다.

페스티벌에서 새로 입덕한 아티스트가 해외 뮤지션이라면 기약 없는 다음 내한을 기다리거나 비행기 타고 바다를 건너야 할지도 모른다. 몇 년 전 내한 공연이 열렸다는 사실을 알게 되어 '이때는 왜 이들의 존재를 몰랐을까'라며 땅을 치고 후회해도 어쩔 수 없다. 미리 유감을 표한다.

♪ **하이린**_페스티벌에서 낮 시간대에 우연히 보고 입덕한 뮤지션을, 몇 년 뒤 저녁 시간대 더 큰 무대에서 다시 보게 된다면 얼마나 벅차게요.

♪ **샛별**_새로운 뮤지션을 페스티벌에서 처음 접하고 단독 공연까지 가는 경우가 종종 있는데요. 이럴 때마다 높은 확률로 최애가 하나씩 쌓여갑니다. 그래서 페스티벌 갈 때마다 이번엔 어떤 새로운 뮤지션을 발견할지 설레기도 해요.

❻ 자원활동가

음악 페스티벌에서는 자원활동가를 모집한다. '자원봉사자'라고 불리던 시절에는 무보수로 일할 때가 많았지만, 요즘은 시대의 흐름에 맞춰 적당한 보수와 합리적인 대우를 해주는 편이다. 업무 외 쉬는 시간에 공연을 관람할 수 있도록 해주는 경우도 있다. 활동 성격에 따라 서포터즈, 기획단 등 다양한 이름으로 불리기도 한다.

자원활동가는 페스티벌 현장 곳곳에 배치된다. 본부 운영, 티켓 교환과 검사, 행사 기록 촬영, 굿즈 판매, 페스티벌 시설 관리, 환경 미화, 주차 관리 등 역할은 다양하다. 무대 운영이나 아티스트 의전, 통역을 담당하기도 한다.

자라섬 재즈 페스티벌의 '자라지기'는 오랜 역사와 전통을 자랑한다. 대학생 때 처음 참여했다가 직장인이 되어서도 활동하는 사람이 많고 선후배 기수 간 교류도 활발하다. 그랜드 민트 페스티벌과 뷰티풀 민트 라이프의 '민트플레이어*'도 있다. 민플은 페스티벌의 전반적인 업무를 모두 경험할 수 있다. 해당 페스티벌을 주최하는 공연 기획사 민트페이퍼의

*이하 민플

어제까지 **관객**이었던 내가…

오늘부터 스탭…?

다른 공연에도 스태프로 자주 투입되는 편이라 현장 감각을 익힐 수 있다. 인천 펜타포트나 부산 락페처럼 시나 관공서에서 주최하는 페스티벌에 자원활동가로 참여하면 봉사 시간도 인정받을 수 있다.

페스티벌을 좋아한다면, 그리고 음악 업계에 관심 있는 사람이라면 자원활동가를 한 번쯤 경험해 보는 것도 추천한다. 나와 음악 취향이 비슷한 친구를 만나면 페스티벌이 끝난 이후에도 공연 메이트로 남기도 한다. 자원활동가 시절 인연을 맺었다가 음악·공연 업계로 취직한 사람들끼리 훗날 현업에서 다시 마주치는 경우도 있다.

♪ **샛별** _ 저도 몇 차례 페스티벌 자원활동가 경험이 있습니다. 공연 업계에 관심 있고 페스티벌이 어떻게 돌아가는지 알고 싶어 참여했어요. 그렇게 만난 인연이 10년 넘게 이어지며 해외 페스티벌에 함께 다녀오기도 했어요. 어느덧 모두 사회인이 되었는데, 공연 업계 종사자도 많아 가끔씩 덕을 보기도 합니다.

❼ 해외 페스티벌

국내 페스티벌을 어느 정도 파악하고 나면 해외로 눈길을 돌리게 된다. 해외 뮤지션을 좋아하는 사람일수록 해외 페스티벌에 도전하는 시기는 빨라진다. 좋아하는 뮤지션의 내한을 기다리며 염불을 외다가 '네가 안 오면 내가 간다'라는 마인드로 몸소 움직이는 것이다.

해외에서는 훨씬 다양한 장르의 페스티벌이 열린다. 개최 국가에 따라 날씨와 현장 분위기도 천차만별이다. 어디서부터 어디까지 설명해야 할지 모를 정도로 내용이 방대한데, 이번 책에서는 대표적인 해외 페스티벌의 종류와 현장 분위기를 간단하게 소개한다. 독자들의 수요가 있다면 다음에는 해외 페스티벌을 중점적으로 다루는 가이드북도 만들어 볼 계획이다.

한국에서 가장 쉽게 갈 수 있는 이웃 나라 일본으로 해외 페스티벌 경험을 쌓는 팬들이 많다. 일본의 공연 문화는 한국과 전혀 다른 모습이라 문화 충격을 받을 수 있다. 페스티벌 현장 곳곳에서는 숨 막힐 정도로 질서정연한 줄 서기가 발견된다. 떼창은 조용한 편이지만 슬램이나 모싱은 한국보다 훨씬 과격하다. 심지어 관객 위로 올라타는 다이빙에는 수십 명이 단체로 뛰어든다. 촬영 금지 문화도 있다. 관객들의 손보다 스마트폰이 많을 정도로 촬영에 관대한 한국과는 사뭇 다른 풍경이다. 지금은 촬영 금지 문화를 잘 모르는 해외 관객이 대량 유입되고 소셜 미디어가 발달하면서 어쩔 수 없이 유연해지는 분위기지만, 현지 아티스트만 출연하는 로컬 페스티벌에서는 아직도 촬영이 엄격하게 금지되고 있다. 글로벌 라인업을 지향하며 외국어 서비스를 제공하는 일본의 대표적인 페스티벌은 다음과 같다.

섬머소닉 Summer Sonic, Japan

도쿄와 오사카 두 지역에서 동시에 열린다. 도심에서 대중교통으로 오갈 수 있을 만큼 접근성이 좋다. 영미권 팝스타, 밴드, 아이돌, DJ 등 대중성 있는 라인업으로 구성되며, 진입 장벽이 낮아 첫 해외 페스티벌로 적합하다. 도심에서 열리는 만큼 페스티벌 앞뒤로 관광도 즐길 수 있다.

후지록 Fuji Rock Festival, Japan

니가타현 나에바 산에 위치한 스키장에서 열린다. 지금은 사라진 지산 밸리가 그리운 사람이라면 후지록을 추천한다. 자연과 함께하는 페스티벌로, 관객 대부분이 캠핑을 한다. 야외에서 취침하는 만큼 날씨에 따라 고생길이 열리기도 하지만, 자연이 주는 만족감은 그 어떤 것으로도 대체할 수 없다. 라인업은 팝, 힙합, 재즈, 오케스트라, 그리고 일본 민요까지 다양한 장르로 구성된다.

영미권 뮤지션을 좋아하는 사람이라면 영국이나 유럽, 미국으로 향하게 된다. 이곳 관객 대다수는 공연을 느긋하게 관람한다. 일행끼리 수다를 떨며 무대 위 아티스트를 배경음악으로 삼는 관객도 제법 많다. 공연을 볼 때는 다양한 행위가 너그럽게 용인된다. 뒷사람의 시야를 가리며 목마를 타도 누구 하나 불평하지 않는다. 공연 대기 시간엔 초면인 사람끼리 서로 안부도 묻고 스몰 토크도 곧잘 하는 편이다. 다음은 각 나라에서 시도해 보기 좋은 페스티벌을 나열했다.

글래스톤베리 Glastonbury Festival, England

지구상에서 가장 크고 오래된 페스티벌. 매년 6월, 잉글랜드 남서부의 한 농장에서 개최된다. 크고 작은 무대가 총 100개 이상이며, 공연 외에도 즐길 거리가 넘쳐

흐른다. 오랜 역사와 취지에 걸맞게 상업적인 스폰서가 없다. 뮤지션들은 글래스톤베리에서 공연한다는 것 자체를 명예로 여기며 그에 걸맞은 최고의 무대를 선사한다.

아일 오브 와이트 Isle of Wight Festival, England

잉글랜드 남쪽에 위치한 와이트 섬에서 열린다. 개최 50주년을 넘겼을 정도로 유서 깊은 페스티벌이다. 휴양지답게 중장년층을 비롯한 가족 단위 관객이 많다. 한때 전성기를 누렸던 추억의 뮤지션이 많이 출연한다.

레딩&리즈 Reading and Leeds Festivals, England

영국을 대표하는 밴드와 팝 뮤지션 중심의 라인업으로, 신진 영국 밴드가 한자리에 모인다. 같은 라인업으로 영국의 두 도시, 레딩과 리즈에서 동시에 열린다.

다운로드 Download Festival, England

메탈 팬이라면 꼭 가봐야 할 곳. 영국에 본진을 둔 채 프랑스, 호주, 독일에서도 열리는 세계적인 메탈 페스티벌로, 전설적인 메탈·하드락 밴드가 출연한다.

트랜스밋 TRNSMT Festival, Scotland

스코틀랜드에서 열리는 가장 큰 뮤직 페스티벌. 당대 가장 핫한 영국 뮤지션들이 출연한다. 도심형 페스티벌이라 청소년 관객이 많은 편이다.

프리마베라 사운드 Primavera Sound, Spain

스페인 바르셀로나에서 열리는 페스티벌로 팝스타부터 밴드, DJ까지 다양한 장르의 뮤지션이 출연한다. 시에스타의 나라답게 첫 공연이 오후 4시경 시작되고, 헤드라이너는 자정 쯤 무대에 선다. 해안가에 인접해

바다를 바라보며 휴식을 취할 수 있다. 페스티벌 주간엔 라이브 클럽에서 소규모 연계 공연이 진행돼 도시 전체가 들썩인다.

록 베르히터 Rock Werchter, Belgium

벨기에 루벤에서 열리며, 그 해 유럽에서 최고 인기를 누리는 뮤지션이 섭외된다. 라인업 규모에 비해 티켓이 저렴해 공연 관람에 최적화된 페스티벌이다.

투모로우랜드 Tomorrowland, Belgium

EDM 페스티벌의 끝판왕으로 벨기에 앤트와프에서 열린다. 메인 스테이지는 엄청난 규모를 자랑하며, 테마파크나 동화 속에 있는 듯한 무대 연출로 매년 화제가 된다.

시겟 Sziget Festival, Hungary

부다페스트 도심 한가운데에서 열린다. 주변 숙소가 많고 접근성이 좋다. 6일간 팝부터 락, EDM, 월드 뮤직까지 다양한 장르의 공연을 즐길 수 있다.

코첼라 Coachella, United States

미국 최대 규모의 뮤직 페스티벌. 캘리포니아 인근 사막에서 매년 4월 개최된다. 트렌드의 최전방을 달리는 팝스타와 래퍼들이 섭외되며, 같은 라인업으로 2주간 진행된다. 페스티벌을 즐기기에 최적화된 날씨와 분위기에 맞게 한껏 멋을 낸 관객이 많다. 미국 자본주의 맛을 제대로 느낄 수 있는 만큼 티켓과 체류비가 상당한데, 돈을 많이 쓸수록 편하게 머무를 수 있다.

롤라팔루자 Lollapalooza, United States

시카고에서 시작된 페스티벌로 칠레, 아르헨티나, 브라질 등 남미에서도 열린다. 독일, 프랑스, 스웨덴 등 유럽과 인도에도 진출한 글로벌 페스티벌이다. 팝과 힙합 중심으로 락, EDM까지 다양한 장르의 라인업을 개최지끼리 공유한다.

피치포크 Pitchfork Music Festival, United States

전 세계적으로 유명한 인디 음악 웹진 피치포크에서 주최하는 페스티벌이다. 시카고를 시작으로 파리, 런던, 베를린에서 열린다. 헤드라이너까지 모두 인디 뮤지션으로 라인업을 구성하며, 힙스터에게 많은 사랑을 받는다.

울트라 뮤직 페스티벌 Ultra Music Festival, United States

미국에서 가장 유명한 EDM 페스티벌. 마이애미에서 시작되었다. 한국을 포함해 미국, 유럽, 아시아, 아프리카, 오세아니아 등 20개국이 넘는 곳에서 개최된다.

해외 페스티벌을 한 번도 안 가본 관객은 있어도 한 번만 가는 관객은 없다. 준비 과정이 생각보다 어렵지 않으니 꼭 도전해 보길 바란다. 언어가 걱정된다면 번역기의 도움을 받아보자. 티켓은 페스티벌 공식 홈페이지나 '티켓마스터*' 같은 예매 플랫폼에서 예매한다. 특이점이라면 티켓 판매가 국내 페스티벌보다 훨씬 일찍 시작된다는 것이다. 페스티벌이 끝나자마자 바로 내년 티켓 판매를 공지하는 곳도 있으니, 가고자 하는 해외 페스티벌이 있다면 티켓 판매 일정부터 확인하면 좋다. 그밖에 자세한 내용은 먼저 다녀온 선배들의 후기를 검색해 보자.

*Ticketmaster

그럼에도 망설여진다면, *페스티벌 라이프*가 전문 여행사와 함께 기획하는 '해외 페스티벌 패키지'를 이용할 수 있다. 초심자도 편하게 이용할 수 있도록, 관객 입장에서 꼭 필요한 것만 포함시켜 불필요한 지출을 최소화했다. 해외 페스티벌에 혼자 가기 어려운 이들을 위해 '일행 매칭 프로그램'도 운영한다. 공식 홈페이지와 소셜 미디어 채널을 통해 신청할 수 있다.

♪ **샛별** _ 막막한 해외 페스티벌도 부지런히 정보를 모으고 차근차근 준비하면 갈 수 있습니다. 참고로 저는 영어, 일본어 둘 다 인사만 간신히 하는 수준으로 다니고 있는데요. 외국어를 못 해도 걱정 마세요. 스마트폰이 모든 걸 해결해 줍니다.

♪ **하이린** _ 해외 뮤지션은 이미 한국에서 봤어도 그들의 홈그라운드에서 보는 재미가 달라요. 현지에서의 반응과 인지도를 체감할 수 있는 기회거든요. 이제 페스티벌 관람 목적이 아닌 일반 해외여행은 다소 심심하게 느껴지는 지경에 이르렀네요.

Stage # 4

부록

- ▸ 페스티벌 용어 사전
- ▸ 국내 페스티벌 모음집
- ▸ 페스티벌 중독 자가 진단
- ▸ 페스티벌 플레이리스트
- ▸ 제작진 인터뷰

페스티벌 용어 사전

라인업 Line-up

페스티벌에서 공연하는 아티스트 출연진. 그해 인기 있는 장르, 활발히 활동하는 아티스트 등 음악계 트렌드를 엿볼 수 있는 지표가 된다. 발표된 라인업에 불만을 표하는 사람들은 언제나 있지만, 오랜 시간이 지난 뒤 재평가되기도 한다.

헤드라이너 Headliner

페스티벌 마지막 순서에 가장 긴 시간 공연하는 아티스트. 높은 인지도, 오랜 활동 경력, 보장된 라이브 실력을 갖춘 아티스트가 헤드라이너로 선다. 라인업 포스터에도 가장 큰 글자로 표기된다. 하지만 공연 순서와 상관 없이 내가 가장 좋아하는 아티스트라면 '내 맘속 헤드라이너'가 될 수 있다.

타임테이블 Timetable

페스티벌에 출연하는 아티스트의 공연 순서, 시간, 무대가 표시된 시간표. 관객은 페스티벌에 가기 전부터 당일까지 타임테이블을 참고해 이동 계획을 짠다. 보고 싶은 무대의 공연 시간대가 겹치면 행복하고도 괴로운 고민이 시작된다. 관객 사이에서는 아티스트의 공연 시간대, 스테이지 위치와 주어진 러닝타임 등이 쟁점이 되기도 한다.

셋리스트 Setlist

그날 무대에서 공연하는 노래 순서를 적은 목록. 아티스트는 셋리스트를 정해 페스티벌 측에 미리 알리지만, 간혹 분위기에 따라 셋리스트에 없는 곡을 즉석에서 들려줄 때도 있다. 셋리스트는 아티스트도 공연 중 확인할 수 있도록 종이로 인쇄해 바닥에 붙여둔다. 공연이 끝나면 셋리스트를 떼어서 관객들에게 나눠주기도 한다.

메인 스테이지 Main Stage

페스티벌에서 가장 큰 무대. 무대 양쪽에 대형 전광판이 설치되며, 공연 외에도 개회식, 불꽃놀이, 피날레 등 페스티벌의 중요한 이벤트가 열린다.

서브 스테이지 Sub-Stage

스테이지가 2개 이상인 페스티벌에서 메인 스테이지를
제외한 다른 스테이지를 모두 일컫는 의미로 쓰인다.
'세컨드 스테이지' 혹은 '사이드 스테이지'라고 불린다.
실내, 바닷가, 호숫가, 분수대, 초원 등 장소의 특색을 살려
다양한 분위기를 연출하기도 한다.

콘솔 Console

무대 화면, 음향, 조명, 특수효과, 촬영 등 공연과 관련된
장치를 운영하는 곳. 관중석 뒤쪽 중앙에 위치해 무대를
바라보는 방향으로 설치된다. 무대와 원활히 소통하고
시야를 확보하기 위함이다. 콘솔을 기준으로 조명과
음향을 설정하기에, 콘솔 근처에 설 때 가장 완벽한 시야와
사운드로 공연을 관람할 수 있다는 소문이 있다.

백스테이지 Back Stage

아티스트를 비롯해 스태프와 관계자가 다니는 무대 뒤편.
아티스트 대기실까지 이어져 있어서 크고 작게 다양한
일이 일어난다. 다음 공연 순서를 기다리거나, 공연을
마치고 쉬는 아티스트끼리 자연스럽게 만나 교류하며
새로운 협업의 시초가 되기도 한다.

펜스 Fence

스탠딩존에 설치되는 철제 울타리. 무대와 관중석을
구분하는 역할을 한다. 관중 규모와 혼잡도에 따라 중앙에
'T'자 형태의 세로 펜스가 설치되기도 한다. 펜스를 잡고

서면 가깝고 쾌적한 시야가 확보된다. 펜스에 편하게 몸을 기댈 수 있는 것도 덤.

슬램 Slam

노래 분위기에 맞춰 주변 사람들과 몸을 부딪히며 노는 행위. 스탠딩존에서 원형으로 빈 공간을 점점 넓혔다가, 특정 순간에 일제히 빈 공간 안으로 뛰어들어 몸을 부딪힌다. 해외에서는 '모싱'이라 칭하지만 국내에서는 '슬램'으로 굳어져 사용된다. 슬램이 반복적으로 발생하는 구역을 '슬램존'이라 부른다.

모싱 Moshing

음악에 따라 몸을 돌리며 허공에 팔과 다리를 휘두르는 행위. 슬램처럼 단체로 맞춰 행동하기보다는 개인적으로 흥겨움을 표출하는 쪽에 가깝다. 공간만 확보되면 혼자서도 할 수 있으며, 여러 사람이 모여 함께하면 '모싱존'이 형성된다.

서클핏 Circle Pit

슬램존처럼 가운데 커다란 원형 공간을 만들고 관객들이 한 방향으로 뛰어 도는 행위. 원 바깥사람과 손뼉을 마주치며 달리기도 한다. 서클핏에서 넘어지지 않도록 앞사람 어깨를 잡고 달리기도 하는데, 이를 '기차놀이'라고 부른다.

월 오브 데스 Wall of Death

가운데 빈 공간을 두고, 단체로 양방향에서 커다란 벽을
만든 다음 특정 순간에 마주 보고 달려드는 행위. 일반적인
원형 슬램존과 달리, 양쪽에서 일렬로 달려든다는
점에서 차이가 있다. 일반적인 슬램보다 격렬한 편이다.
하드록이나 메탈 밴드 공연에서 발견할 수 있다.

노 젓기

단체로 스탠딩존 바닥에 앉아 상체를 앞뒤로 흔들며
노 젓는 시늉을 하는 행위. 한 명이 시작해 그 주변으로
사람이 달라붙어 점점 커지는 양상을 띤다. 슬램과 모싱을
할 정도로 빠르고 신나는 곡이 아닌, 보다 느린 템포의
노래에서 찾아볼 수 있다. 해외에서는 '로잉*'이라고
불린다.

*Rowing

스캥킹 Skanking

반복되는 리듬에 맞춰 팔과 다리를 앞뒤 교차로 휘두르며
추는 춤. 자메이카에서 유래된 음악 장르 '스카**'에 맞춰
춤추던 것이 시초다. 시간이 지나면서 다른 장르와 섞이게
되었고, 이젠 락 페스티벌에서도 찾아볼 수 있게 됐다.

**Ska

크라우드 서핑 Crowd Surfing

관중 머리 위로 사람이 올라가 누워서 파도 타듯 떠다니는
행위. 관객과 아티스트 모두 할 수 있다. 아티스트는
무대에서 관중석으로 뛰어내리는 다이빙을 하거나,
펜스까지 내려와 관중석으로 누워 서핑을 시작한다.

내공 있는 관중과 아티스트가 만나면, 아티스트가 관중석 위에 두 발 딛고 선 모습도 볼 수 있다.

목마

사람 어깨 위로 사람이 올라타는 행위. 키가 작아 무대가 잘 보이지 않거나 뮤지션에게 주목받고 싶을 때 목마를 탄다. 보통 노래 하이라이트 구간에 올라갈 때가 많고, 한 곡 내내 올라가 있기도 한다. 해외 페스티벌에서는 3단 목마도 심심찮게 볼 수 있으며, 곡예 수준의 4단 목마까지도 드물게 발견된다.

페스티벌 고어 Festival Goer

페스티벌을 오랫동안 많이 다닌 사람. 국내에서는 마니아 또는 고인물로 불린다. 두 단어에는 뉘앙스 차이가 있는데, 마니아는 열성적으로 즐긴다는 느낌이 강하고, 고인물은 페스티벌을 너무 많이 다녀 해탈한 이미지에 가깝다. 이들은 페스티벌을 수십 번 다니며 고생한 끝에 노하우와 즐기는 팁을 체득해 초심자에게 도움을 준다. 자발적으로 슬램존에서 질서를 세우고, 위험 요소를 방지하며 주최 측보다 먼저 나서는 등 선한 영향력을 펼치기도 한다. 이 책을 읽고 페스티벌 고어로의 여정에 발을 디뎌보자!

국내 페스티벌 모음집

국내에서 열리는 뮤직 페스티벌을 계절의 흐름에 따라 정리했다. 크고 작은 페스티벌을 모두 포함하면 종류가 굉장히 다양한데, 여기서는 규모, 지속 기간, 상징성을 기준으로 스물 한 개의 페스티벌을 소개한다.

해브 어 나이스 데이
Have A Nice Day

2015년 첫 개최되었으며, 많은 준비 없이 쉽게 다가갈 수 있는 페스티벌을 지향한다. 신인 뮤지션 발견을 위한 소규모 공연 시리즈 '어나더 나이스 데이'를 함께 운영한다. 봄 소풍을 즐기며 편안하게 들을 수 있는 분위기의 국내 인디 뮤지션이 출연한다. 2023년에는 정승환, HYNN, 디에이드, 소수빈, 치즈 등이 출연했다.

시기 4월
장소 서울 노들섬
#수도권 #도심형 #국내뮤지션

KT&G 상상실현 페스티벌
KT&G Sangsang Festival

의암호를 배경으로 춘천의 아름다운 자연환경과 낭만을 즐길 수 있는 페스티벌. 2014년부터 시작했으며, 춘천 상상마당 아트센터의 야외무대와 실내 공연장을 활용해 진행된다. 타 페스티벌에 비해 티켓 가격이 저렴한 편이다. 대중적 인지도가 높은 아티스트부터 신진 아티스트까지 고루 반영한 라인업을 선보인다. 2023년에는 십센치, 카더가든, 데이먼스이어, 바밍타이거, 김수영 등이 출연했다.

시기 4월
장소 KT&G 상상마당 춘천
#로컬 #도심형 #국내라인업

힙합플레이야 페스티벌
Hiphopplaya Festival

국내 최대의 힙합 미디어이자 커뮤니티 '힙합플레이야'가 2016년부터 시작한 힙합 페스티벌. 국내 유수의 래퍼, 댄스 크루, 알앤비 가수가 총출동한다. 다양한 빈티지 브랜드나 스트리트 브랜드와 협업하며, 현장에는 매년 그라피티 월을 마련해 라이브 페인팅 퍼포먼스를 선보이는 것이 특징이다. 2023년 라인업은 박재범, 씨잼, 이영지, 타이거 JK 등이 있다.

시기 4월
장소 서울 난지한강공원
#수도권 #도심형 #국내라인업

대구힙합페스티벌
Daegu Hiphop Festival

2013년에 열린 '독도수호 힙합 페스티벌'을 시작으로 현재까지 이어지고 있다. 국내에서 가장 오래된 힙합 페스티벌로, 현재의 이름을 사용하기 시작한 것은 2015년부터다. 기존에는 하루만 진행되다가 2022년부터 양일간 개최되는 페스티벌로 확대되었다. 로컬, 언더그라운드 아티스트를 발굴하고 공연 기회를 제공하는 경연 대회를 자체적으로 진행한다. 2023년 라인업에는 더 콰이엇, 팔로알토, 지코 외에도 약 60여 팀의 아티스트가 함께 했다.

시기　5월
장소　대구스타디움 보조경기장
#로컬 #도심형 #국내라인업

뷰티풀 민트 라이프
Beautiful Mint Life

2010년부터 시작된 대표적인 봄 피크닉 페스티벌. 겨울을 지나 봄을 맞이하는 소박한 봄 소풍의 이미지를 추구한다. '민트문화체육센터'라는 이름으로 백일장, 체육대회 등 관객 참여형 프로그램을 진행하는 것이 특징이다. 2015년부터는 개최 장소가 고양시에서 올림픽공원으로 바뀌었다. 2023년에는 소란, 멜로망스, 페퍼톤스 등이 공연했다.

시기　5월
장소　서울 올림픽공원
#수도권 #도심형 #국내라인업

서울재즈페스티벌
Seoul Jazz Festival

매년 봄, 올림픽공원에서 열리는 페스티벌. 2007년부터 2011년까지 세종문화회관에서 열리다가 올림픽공원으로 장소를 옮겼다. 팝, 힙합, 록 등 트렌디한 해외 아티스트가 다수 출연한다. 코로나 이후 티켓 가격이 급등했다. 2023년에는 미카, 세르지오 멘데스, 데미안 라이스, 송영주 콰르텟 등이 출연했다.

시기　5월
장소　서울 올림픽공원

#수도권 #도심형 #해외라인업

월드 디제이 페스티벌
World DJ Festival

2007년부터 시작한 국내 최초의 EDM 페스티벌로, '월디페'라 불린다. 2016년부터 주최사가 바뀌며 규모가 더욱 커졌다. 해외 레이블과의 협업, 화려한 불꽃놀이와 조명, 영상, 레이저 등 월디페 만의 시그니처 쇼를 선보이며 마니아들에게 큰 호응을 얻었다. 난지한강공원을 시작으로 양평, 춘천, 잠실, 인천 등 장소를 옮기다가 2019년부터는 서울랜드에서 개최되고 있다. 2023년에는 제드, 마데온, 갈란티스 등이 무대에 섰다.

시기　6월
장소　과천 서울랜드

#수도권 #도심형 #해외라인업

울트라 코리아
Ultra Korea

1999년 미국 마이애미에서 시작해 세계 각국에서 동일한 이름으로 개최되는 EDM 페스티벌. 국내에서는 2012년 'UMF Korea'라는 이름으로 아시아 최초로 열렸다. 정상으로 손꼽히는 거물 DJ들이 출연해 화려한 라인업과 규모로 전성기를 누렸으나, 2019년부터 미흡한 운영과 환불 불이행 등 잡음이 많은 편이다. 2022년에는 마틴 개릭스, 마쉬멜로, 니키 로메로 등이 이름을 올렸다.

시기 6월

장소 서울 잠실종합운동장

#수도권 #도심형 #해외라인업

DMZ 피스트레인 뮤직 페스티벌
DMZ Peace Train Music Festival

강원도 철원 비무장지대에서 평화를 노래하는 페스티벌. 개최 첫 해였던 2018년부터 음악 애호가와 지역 주민이 상생하는 자유로운 분위기로 호평받으며 마니아 층을 확보했다. '서로에게 선을 긋기 전에 춤을 추자'라는 슬로건을 핵심 가치로 삼으며, 헤드라이너를 정하지 않는 라인업이 특징이다. 2023년에는 이디오테잎, 이상은, 최백호, 마일드 하이 클럽, 힙노시스 테라피 등이 공연했다.

시기 6월

장소 철원 고석정 일대

#로길 #캠핑형 #해외리인엎

서울파크뮤직페스티벌
Seoul Park Music Festival

'도심 속 공원에서 즐기는 여유롭고 편안한 휴식'을 테마로 하는 페스티벌. 2018년 '필스너 우르켈 파크 뮤직 페스티벌'이라는 이름으로 공원, 음악, 맥주가 결합한 페스티벌로 시작됐다. 대중 친화적 라인업으로 일반 예매에서부터 티켓이 매진되기도 한다. 2023년에는 규현, 크러쉬, 하이라이트, 너드커넥션 등이 출연했다.

시기 6월
장소 서울 올림픽공원
#수도권 #도심형 #국내라인업

스테핑 스톤 페스티벌
Stepping Stone Festival

제주 함덕 해변 일대에서 양일간 무료로 개최되는 페스티벌. 2014년부터 시작했다. 섬 안에서 펼쳐지는 자유롭고 평화로운 분위기의 인디 음악 축제로, 제주 로컬 뮤지션을 포함해 실력 있는 국내외 뮤지션이 출연한다. 아티스트는 출연료 없이 자발적으로 무대에 서며, 관객이 내는 자율 기부금은 제주 환경운동 단체에 기부된다. 2023년에는 실리카겔, CHS, 사우스카니발, YONLAPA 등이 공연했다.

시기 7월
장소 제주 함덕해수욕장
#로컬 #도심형 #해외라인업

인천 펜타포트 락 페스티벌
Incheon Pentaport Rock Festival

뜨거운 한여름의 날씨에 깃발을 흔들며 열정적으로 떼창과 슬램을 즐기는 록 페스티벌. 인천광역시에서 주관한다. 1999년 '트라이포트 록 페스티벌'을 전신으로 삼고 있으며, 현재의 펜타포트는 2006년부터 본격적으로 시작되었다. 지금은 사라진 '지산 밸리 록 페스티벌'과 함께 한국 록 페스티벌의 양대 산맥으로 꼽히곤 했다. 2023년 라인업에는 스트록스, 엘르가든, 김창완밴드, 검정치마 등이 있다.

시기　8월

장소　인천 송도달빛축제공원

#누도뤈 #도심형 #해외라인업

전주얼티밋뮤직페스티벌
Jeonju Ultimate Music Festival

2016년부터 매년 여름 전주 MBC에서 주최하는 뮤직 페스티벌. 하드록, 케이팝, EDM, 블루스, 발라드, 인디 등 다양한 장르의 다국적 아티스트가 한자리에 모인다. 수도권 페스티벌에 비견할 만한 대규모 로컬 페스티벌로 거듭나고 있다. 줄여서 '점프*'라고도 부른다. 2023년에는 크라잉넛, 원슈타인, 선우정아, 오마이걸, 자도닉 등이 출연했다.

*JUMP

시기　8월

장소　전주 종합경기장

#토킬 #노심튕 #해외라닌입

렛츠락 페스티벌
Let's Rock Festival

락페와 피크닉의 감성이 공존하는, 비교적 순한 맛의 락페. 2007년부터 시작했으며, 난지한강공원에서 열린다. 라인업에는 록킹한 국내 밴드와 이지리스닝 계열의 인디 뮤지션이 함께 출연한다. 접근성이 좋고, 9월 초에 개최되어 여름과 가을의 계절감을 동시에 느낄 수 있다. 2023년에는 자우림, 국카스텐, 권진아, 짙은 등이 공연했다.

시기   9월
장소   서울 난지한강공원
#수도권 #도심형 #국내라인업

랩비트 페스티벌
RAPBEAT

매년 9월 서울랜드에서 개최되는 국내 최대 규모의 힙합 페스티벌. 2014년 '랩비트쇼'로 처음 시작되어 2018년부터 페스티벌 규모로 확장되었다. 힙합을 주축으로 하지만 팝, 인디 등 다양한 장르의 아티스트가 출연하며, 국내 인지도가 높은 해외 아티스트가 헤드라이너로 선다. 2023년에는 조이 배드애스, 태양, 이센스, 넬 등이 라인업에 이름을 올렸다.

시기   9월
장소   과천 서울랜드
#수도권 #도심형 #해외라인업

서울숲 재즈 페스티벌
Seoul Forest Jazz Festival

2017년부터 시작한 선선한 가을 숲에서 운치 있게 재즈와 가요를 감상할 수 있는 페스티벌. 서울숲을 중심으로 성동구 일대 아트홀과 재즈 바에서 함께 진행되며, 거리에는 일반 시민이 관람할 수 있는 무료 공연도 열린다. 반려동물과 함께 입장할 수 있는 펫 존을 마련하는 세심함이 돋보인다. 2023년에는 윤석철트리오, 김오키 새턴발라드, 고상지 트리오 등이 라인업에 포함되었다.

시기   9월
장소   서울 서울숲

#수도권 #도심형 #해외라인업

부산국제록페스티벌
Busan International Rock Festival

국내에서 가장 오래된 락 페스티벌. 2000년부터 광안리, 다대포 등 해수욕장에서 개최되다가 2012년에 생태공원으로 장소를 옮겼다. 습지와 초원의 자연적 분위기를 느낄 수 있다. 19년 동안 무료로 운영되다가 2019년부터 유료화 되어 다양한 장르를 포용하며 보다 다채로운 성향으로 변하고 있다. 라인업에 매년 부산 출신 로컬 밴드를 포함하는 것도 특징. 부산광역시에서 주최한다. 2023년에는 피닉스, 더 키드 라로이, 텐피트, 세이수미 등이 공연했다.

시기   10월
장소   부산 삼락생태공원

#토킬 #도심형 #해외라인업

자라섬재즈페스티벌
Jarasum International Jazz Festival

2004년부터 시작된 국내 최장수 재즈 페스티벌로, 경기도 가평군 자라섬 일대에서 개최된다. 다양한 국내외 아티스트를 섭외해 재즈에 집중하는 라인업을 구성하며, 자체 콩쿠르나 프로그램을 개최하며 재즈의 대중화에 힘쓰고 있다. 개최 기간 가평역 일대를 개방해 무료 공연도 진행한다. 2023년에는 리차드 보나, 줄리안 레이지, 나윤선 등이 출연했다.

시기 10월
장소 경기도 가평군 자라섬
#수도권 #캠핑형 #해외라인업

슬로우 라이프 슬로우 라이브
SLOW LIFE SLOW LIVE

이름처럼 '여유로운 삶의 발견'을 모토로 하는 페스티벌. 음악과 함께 선선한 가을 날씨와 여유로운 분위기를 즐길 수 있다. 2017년 첫 개최는 영화 음악 페스티벌로 시작됐으나, 이젠 팝 중심의 대중음악 페스티벌로 자리 잡았다. 국내 인지도가 높은 해외 팝 아티스트가 주로 출연한다. 2023년에는 제시 제이, 알랜 워커, 아미네, 클린 밴딧 등이 공연했다.

시기 10월
장소 서울 올림픽공원
#수도권 #도심형 #해외라인업

그랜드 민트 페스티벌
Grand Mint Festival

락페가 성행하던 2007년에 등장해 피크닉 페스티벌의 새로운 표준을 제시한 페스티벌. 상업적으로도 크게 성공해 가을을 대표하는 대형 페스티벌로 자리 잡았다. 라인업에는 대중적으로 유명한 뮤지션과 인디 뮤지션이 모두 출연한다. 매년 3만 명 이상의 관객을 동원한다. 2023년에는 데이브레이크, 윤하, 이승윤, 터치드 등이 라인업에 이름을 올렸다.

시기　10월

장소　서울 올림픽공원

#수도권 #도심형 #국내라인업

카운트다운 판타지
COUNTDOWN FANTASY

매년 12월 마지막 날에 열리는 페스티벌. 국내에서 보기 드문 겨울 실내형 페스티벌로, 공연에서 함께 신년 카운트다운을 세자는 기획으로 시작되었다. 2010년을 시작으로 3회 개최되었고, 2022년 9년 만에 부활했다. 부활 후에는 국내 밴드를 중심으로 라인업이 구성되는 경향을 보인다. 2023년에는 쏜애플, 실리카겔, 글렌체크, 루시 등이 무대에 섰다.

시기　12월

장소　경기도 고양시 킨텍스

#수도권 #도심형 #국내라인업

한 눈에 보는 국내 페스티벌

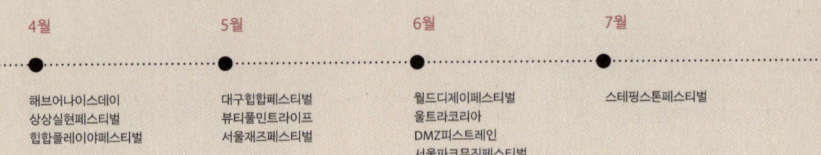

4월
해브어나이스데이
상상실현페스티벌
힙합플레이야페스티벌

5월
대구힙합페스티벌
뷰티풀민트라이프
서울재즈페스티벌

6월
월드디제이페스티벌
울트라코리아
DMZ피스트레인
서울파크뮤직페스티벌

7월
스테펌스톤페스티벌

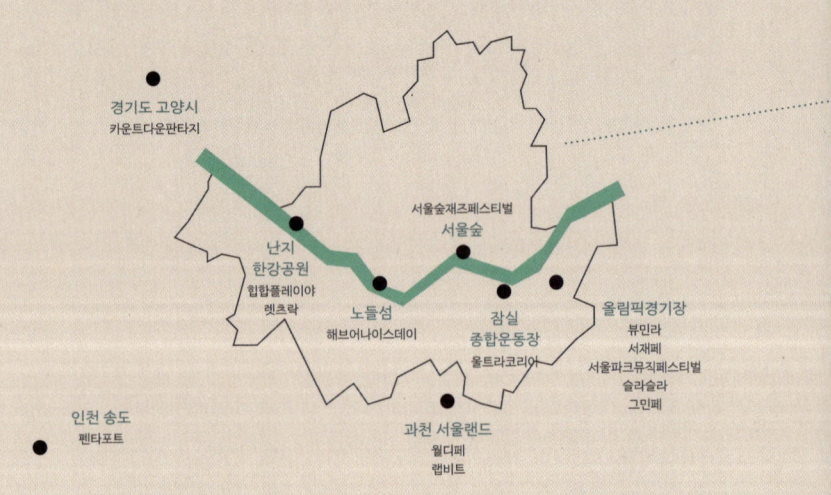

경기도 고양시
카운트다운판타지

난지
한강공원
힙합플레이야
헷츠락

노들섬
해브어나이스데이

서울숲재즈페스티벌
서울숲

잠실
종합운동장
울트라코리아

올림픽경기장
뷰민라
서재페
서울파크뮤직페스티벌
슬라슬라
그민페

과천 서울랜드
월디페
랩비트

인천 송도
펜타포트

8월	9월	10월	12월
인천펜타포트락페스티벌 전주얼티밋뮤직페스티벌	렛츠락페스티벌 랩비트페스티벌 서울숲재즈페스티벌	부산국제록페스티벌 자라섬국제재즈페스티벌 슬로우라이프슬로우라이브 그랜드민트페스티벌	카운트다운판타지

강원도 철원군
DMZ피스트레인

강원도 춘천시
상상실현페스티벌

서울·수도권

경기도 가평군
자라섬재즈페스티벌

대구
대구힙합페소티벌

전라북도 전주
전주얼티밋뮤직페스티벌

부산
부산국제록페스티벌

제주 함덕
스테핑스톤페스티벌

페스티벌 중독 자가 진단

나는 페스티벌에 얼만큼 중독됐을까?
페스티벌에 한 번이라도 가봤다면 누구나 겪어봤을
내용부터 페스티벌을 많이 다녀봐야 경험할 수 있는
내용까지 다섯 가지 주제에 따른 체크리스트를 준비했다.
지금의 나는 어느 단계에 해당하는지 확인해 보자.

♪ 페스티벌 어디까지 가봤니?

☐ 일 년에 최소 세 개 이상의 페스티벌에 참석한다.
☐ 다섯 번 넘게 간 페스티벌이 있다.
☐ 라인업에 상관 없이 의리로 가는 페스티벌이 있다.
☐ 가고 싶은 페스티벌 두 개가 동시에 열려서 하루씩 나눠간 적 있다.
☐ 해외 페스티벌 가봤다.

♪ 페스티벌에서 이것까지 해봤다!

☐ 친구들이랑 입장 팔찌 단체샷 찍어봤다.
☐ 목놓아 소리지르며 떼창해 봤다.
☐ 끓어오르는 흥을 주체하지 못해 슬램에 동참해 봤다.
☐ 목마를 타봤거나 태워준 적 있다.
☐ 크라우드 서핑 해봤다.
☐ 펜스 1열 잡아봤다.
☐ 선크림 제대로 안 발랐다가 화상 입은 적 있다.
☐ 페스티벌을 위한 맞춤 제작 티셔츠 만들어 입고 간 적 있다.
☐ 모르는 사람들끼리 모여 기타 치며 노래 불러봤다.
☐ 페스티벌에서 캠핑 해 봤다.
☐ 예상보다 늦게 입장하는 바람에 보고 싶은 공연을 놓친 적 있다.
☐ 깃발에 적힌 문구 찍고 싶어서 연속 촬영 수십 장 찍어봤다.
☐ 페스티벌에서 직접 제작한 깃발을 흔들어본 적 있다.
☐ 아티스트가 던진 기타 피크나 드럼 스틱 받아봤다.
☐ 무대 중계 화면에 잡혀 대형스크린에 내 얼굴이 나온 적 있다.
☐ 뮤지션이 불러서 무대 위로 올라간 적 있다.
☐ 귀갓길이 걱정돼서 마지막 공연을 포기한 적 있다.

♪ 페스티벌 오래 다니다 보니 이 지경에 이르렀다!

☐ 페스티벌 구역은 이미 다 외우고 있어 지도가 필요 없다.

☐ 페스티벌에서 자주 마주쳐 내적 친밀감 쌓인 사람이 생겼다.

☐ 스탠딩 관람 시간이 점점 줄어든다.

☐ 미리 연락 안 해도 페스티벌 가면 친구들 다 만난다.

☐ 예전엔 돈이 없어 못 갈 때가 있었지만 이제 시간이나 체력이 없어 못 갈 때가 있다.

☐ 본인이나 지인 중 자녀와 함께 가는 가족단위 관객이 생겼다.

♪ 이런 생각, 한 번쯤은 해 봤다!

☐ 페스티벌은 왜 항상 시험 기간이랑 겹칠까

☐ 아무리 덥고 힘들어도 여름 락페 하나는 꼭 가야지

☐ 겨울에는 왜 페스티벌이 없을까

☐ 이게 락페냐

♪ 하나라도 해당되면 고인물!

☐ 지산에서 해체 전 마지막 오아시스를 봤다.

☐ 해수욕장에서 하던 부산 락페 가봤다.

☐ 서태지가 주최한 ETP FEST에 가봤다.

☐ 쌈싸페가 뭔지 알고, 가본 적이 있다.

☐ 트라이포트 락 페스티벌에 가봤다.

* 항목 1개 당 1점

10점 이상 → 잠재적 중독자

페스티벌 기간 동안 신나게 불태운 당신. '현생'으로 돌아와 다음 페스티벌 날짜만 기다린다. 여기서 더 중독되면 일상 생활에서 균형을 잃을 수 있으니 주의하자.

20점 이상 → 당신은 이미 중독됐다!

페스티벌 시즌이 시작되면 주말마다 공연으로 꽉 차 있어 다른 약속을 잡기 어렵다. 친구 혹은 연인과의 만남이 우선순위에서 밀리며 관계 유지에 어려움이 생길 수도 있다. 이미 이렇게 된 거, 주변 사람들도 페스티벌에 중독시키자.

30점 이상 → 돌이키기엔 너무 멀리 왔다!

본인의 연간 일정을 페스티벌에 맞추는 지경. 상태가 심각하다. '노 페스티벌 노 라이프*'를 외치며 페스티벌과 인생을 동의어로 여긴다. 빠져나오기엔 이미 늦었다. 맥주나 마시자!

*No Festival No Life

페스티벌 플레이리스트

페스티벌 라이프 팔로워들의 추천을 받아 페스티벌에 어울리는 음악을 한 데 모았다. 페스티벌에서 자주 볼 수 있는 아티스트들의 대표곡부터 국내 페스티벌에서 전설적인 무대를 남긴 노래까지. 일상 속에서 문득 페스티벌이 그리울 때, 혹은 페스티벌을 앞두고 예열이 필요할 때 감상해 보시길.

플레이리스트
바로 듣기

#	Artist	Song
01	Oasis	**Don't Look Back In Anger** ◂◂
02	Muse	**Time Is Running Out** ◂◂
03	Radiohead	**Paranoid Android** ◂◂
04	Arctic Monkeys	**I Bet You Look On The Dancefloor**
05	Metallica	**Master of Puppets**
06	Red Hot Chili Peppers	**Can't Stop**
07	Foo Fighters	**Learn to Fly**
08	Weezer	**Island In The Sun**
09	Suede	**Beautiful Ones**
10	Two Door Cinema Club	**What You Know**
11	Vampire Weekend	**A-Punk**
12	Travis	**Closer** ◂◂
13	Keane	**Everybody's Changing** ◂◂
14	Starsailor	**Tell Me It's Not Over**

♪   ♫
   ♩

1 _ 2009 지산 이후 한 달 만에 오아시스 해체 @DEATHROCK

첫 선율에 환호하는 관중들, 함께 노래하는 목소리, 그리고 밤하늘.

페스티벌 낭만 그 자체 @Dalyg

2 _ 뮤즈가 한국에 밥 먹듯 오던 시절, 국룰 떼창곡이었죠 @Ash

3 _ 지산 역대 헤드라이너 중 가장 많은 관객을 동원한 라디오헤드 무대의

마지막 앵콜 곡. 수많은 관중들과 함께 다 같이 죽어라 떼창했던 기억으로

영원히 가슴속에 새겨진 노래입니다 @내 고향 지산으로 돌아갈래

12 _ Closer~ Closer 그들과 더 가까워지기 위해 팬들이 무대 위로 날린

수많은 종이비행기에 감동받은 멤버들 @종이비행기

13 _ 어쩌면 가장 순수했을 한국 락페 시절의 서클핏 @seopseop_lf

15 Fun. **We Are Young** ◀◀

16 MIKA **We Are Golden** ◀◀

17 Anne-Marie **2002**

18 Ellegarden **Make A Wish** ◀◀

19 SPYAIR サムライハート **(Some Like It Hot!!)** ◀◀

20 SEKAI NO OWARI **Dragon Night**

21 The Chemical Brothers **Hey Boy Hey Girl**

22 Justice **D.A.N.C.E**

23 Zedd **Stay**

24 Avicii **Levels**

---

15 _ 떼창에 감동받는 가수 모습이 너무 행복해 보여서 @돌돌돌

16 _ 팬 이벤트로 이 노래에 맞춰 금박 가루를 공중에 뿌렸는데, 감격 받은 미카가 어린아이처럼 해맑게 금박 가루를 자신에게 뿌리면서 남은 노래를 불렀던 기억이 아직도 생생해요! @이벤트 담당 믹서

18 _ 잔잔하게 떼창하다가 박자 빨라지면서 슬램할 때 '이게 페스티벌에서 노는 거지' 하는 기분 @규민이

19 _ 다 같이 타월 돌리면서 시작하는 인트로와 벅차오르는 하이라이트 때문에 추천함! ᐟᐢ @lovelymi

25	Glen Check	**60's Cardin** ◀◀
26	IDIOTAPE	**Melodie**
27	Nell	**Ocean Of Light** ◀◀
28	국카스텐	**거울**
29	자우림	**매직 카펫 라이드**
30	체리필터	**낭만고양이**
31	로맨틱펀치	**몽유병**
32	크라잉넛	**말달리자** ◀◀
33	노브레인	**넌 내게 반했어**
34	YB	**나는 나비**
35	피아	**소용돌이**
36	장기하와 얼굴들	**우리 지금 만나**
37	술탄 오브 더 디스코	**오리엔탈 디스코 특급**
38	산울림	**개구장이**
39	델리스파이스	**챠우챠우** (아무리 애를 쓰고 막아보려 해도 너의 목소리가 들려)
40	언니네 이발관	**아름다운 것**
41	페퍼톤스	**21세기의 어떤 날** ◀◀

25 _ 타이거 디스코와 함께하는 체조 타임 @koladany

27 _ 도입부 사운드와 파란 조명으로 심장을 두근거리게 하다가 후렴 때 황홀감을 느끼게 한다 @유하 모두가 함께 즐길 수 있는 떼창, 박수, 화려한 조명과 스크린 @맘맘

32 _ 세상에는 우려도 우려도 진국인 사골이 있다 @JUST_SO

41 _ 페스티벌 개최일에 맞게 개사한 "0000년 00월 00일 세상이 얼마나 아름다웠는지"를 떼창하며 마음에 또 한 번 새기게 해주는 노래 @LunG

42 소란 **가을목이** ◀◀

43 10CM **봄이 좋냐**

44 데이브레이크 **좋다**

45 백예린 **Square (2017)**

46 검정치마 **Antifreeze** ◀◀

47 쏜애플 **시퍼런 봄**

48 새소년 **파도** ◀◀

49 잔나비 **알록달록**

50 ADOY **Don't Stop**

51 실리카겔 **NO PAIN**

52 The Volunteers **Let me go!**

53 이승윤 **들려주고 싶었던**

54 DAY6 **한 페이지가 될 수 있게**

55 터치드 **하이라이트** ◀◀

56 KARDI **PARTY**

57 나상현씨밴드 **찬란**

---

42 _ 다 같이 북유럽 댄스 추는 게 너무 신남! 양옆 앞뒤 관객들이랑 박수 치는 게 어색하면서도 너무 재밌고, 밴드 팬들이 하나가 되는 모습이 재밌음 @루니

46 _ 다 같이 떼창하면 눈물 날 정도로 젊음을 느낄 수 있다 @미농 전주가 나오자 일제히 뛰던 사람들, 조명, 신시사이저, 풍선, 종잇조각들 @양송이

48 _ 근본이죠. 페스티벌에서 '황소윤 그 영상'을 만든 기타 솔로는 빛 그 자체입니다. 물론 기타 솔로 전에 분위기를 끌어 올려주는 드럼도 지리지요. 베이스도 마찬가지구요!!! @김서진

55 _ 처음엔 잔잔하게 시작해서 점점 고조되다가 빵!! 터지는 재미가 있음 @베스티멜봇가는교3

에필로그 : 제작진 인터뷰

어쩌다 이 사람들은 페스티벌에 미쳐 책까지 만들게 되었나. 그 시작으로 거슬러 올라가 볼까요. 다들 인생 첫 페스티벌은 언제였나요.

샛별 첫 페스티벌은 2007년 부산 락페였어요. 제가 부산 출신인데, 가족들이랑 다대포 해수욕장에 놀러 갔다가 멀리서 음악 소리가 들리길래 뭔가 싶어서 가봤죠. 사람들이 소리 지르면서 다 같이 뛰는 모습이 당시에는 어찌나 충격이었는지. '아, 이게 락 페스티벌이구나!' 그렇게 새로운 세계를 발견했어요.

다람쥐 하필 락페가 열리는 날 놀러 가다니, 운명이네요.

샛별 당시 고등학생이었는데, 그전까지는 한 번도 공연이란 걸 본 적이 없었어요. 지금처럼 유튜브나 SNS로 접할 수 없던 시절이니까요. 아무것도 모르는 상태에서 신나게 즐겼다가, 이렇게 재밌는 거 혼자 즐겨서는 안 되겠다 싶어 이듬해 친구랑 또 보러 갔어요. 그때부터 '성인 되면 더 많이 다녀야겠다. 이게 나의 길이다'라고 다짐했죠.

하이린 부락에 가면 마음의 고향에 돌아온 것 같은 느낌도 들겠어요.

샛별 그렇지는 않아요. 지금은 개최 장소가 바뀌었잖아요.

하이린 아, 맞다. 장소가 달라졌죠. 그때는 정말 스테이지에서 바다가 보였어요?

샛별 아예 해수욕장에서 열렸어요. 바닥이 모래니까 좀 더 편하게 놀 수 있었죠. 모래사장에서 슬램도 했던 걸로 기억해요. 밀물이 들이닥쳐 공연이 중단된 적도 있대요. 그런 애로사항이 생겨 어쩔 수 없이 장소를 옮기지 않았을까 싶어요. 부산 락페로 첫 페스티벌을 경험했고, 이후 대학생이 되고 나서 첫 자원활동가도 부락에서 했으니 저에겐 의미가 커요.

하이린 저는 2015년 뷰민라가 첫 페스티벌이었어요. 페스티벌을 가고 싶다는 마음에 갔던 건 아니었고 그냥 쏜애플 보러 갔죠. 그때 굉장히 쾌적하고 평화롭게 즐겼던 기억이 있어요. 지금은 뷰민라가 거의 GMF*만큼 커졌는데, 그때까지만 해도 소박한 규모에 봄 소풍 분위기였거든요. 그렇게 스타트를 끊고, 사운드홀릭 페스티벌 가고, 그 다음에 안산 밸리 순서로 갔어요.

샛별 사운드홀릭 페스티벌! 거기 가성비가 정말 좋았잖아요.

하이린 맞아요. 옛날 물가 감안하더라도 티켓이 저렴했어요. 스테이지도 세 개였고 내로라하는 국내 밴드는 다 나왔죠. 피터팬컴플렉스, 전기뱀장어, 이스턴 사이드킥 같은 밴드는 물론이고 요즘도 활발하게 활동하는 소란이나 글렌체크도 나왔어요.

샛별 그땐 글렌체크도 신인이었는데. 머리에 헤어밴드 쓰고 나오고 그랬잖아요.

하이린 그러니까요. 근데 이제 글렌체크가 페스티벌 대선배 밴드가 됐어요.

다람쥐 저는 단독 공연 위주로 다니다가 2012년 그린플러그드 페스티벌**에 자원활동가로 참여하면서 페스티벌에 처음 가봤어요. 페스티벌은 아무래도 단독 공연보다 티켓이 비싸잖아요. 페스티벌이 어떤 분위기인지 알아보려고 일단 자원봉사로 시작해 본 거죠.

하이린 자원봉사로 페스티벌을 처음 가본 건 흔치 않은 케이스인 것 같아요.

다람쥐 그런가요? 저는 가장 작은 무대인 수변무대 담당이었는데, 쉬는 시간에는 다른 스테이지로 이동해 공연을 봤어요. 무대에서 멀어질수록 음악 소리가 점점 작게 들리다가, 다른 무대가 가까워지면 음악 소리가 점점 커지고, 그렇게 끊임없이 어디선가 음악이 들려오는 게 너무 좋았어요. 그런 건 단독 공연에서는 절대 경험할 수 없잖아요. '여기가 천국이구나' 라는 느낌이었죠.

바리 스테이지가 7개나 돼서 음악이 끊기지 않는 게 가능했을 것 같아요.

다람쥐 그해에 제가 정말 좋아했던 밴드 몽니가 라인업에 있었는데, 자원봉사 티셔츠 뒷면에 사인도 받았어요. 아마 아직도 집에 있을 거예요. 그것도 모자라 팔에도 사인을 받았는데, 이 내용은 책에 적지 말아 주세요(웃음). 이후 GMF 에서도 자원봉사를 했는데, 샛별은 거기서 만났어요.

샛별 민플로 만난 인연인데 벌써 10년이 흘렀네요. 그 사이에 글래스톤베리도 두 번이나 같이 다녀오고요.

다람쥐 그러게요. 원래는 음악 친구였는데, 이제는 그냥 친구죠 뭐.

*Grand Mint Festival. 이하 GMF
**이하 그플

바리 저도 그플이 첫 페스티벌이었어요. 사실 그보다 앞선 첫 페스티벌은 다른 곳이었는데, 거기는 토크 중심이라 뮤직 페스티벌에서는 제외하고 쳤어요. 그래도 거기서 잔나비를 처음 봤어요. 잔나비에 입덕한 뒤 '다른 페스티벌도 가보자!' 해서 갔던 첫 페스티벌이 2019년 그플이었죠.

하이린 그러면 바리가 페스티벌에서 잔나비를 처음 봤을 땐 아직 입덕한 상태가 아니었다는 거네요? 잔나비는 어쩌다 입덕한 거예요?

바리 친구의 영업을 계속 듣다가 넘어가게 됐어요. 친구가 노래 들어보라고 해서 들어봤는데 일단 노래도 너무 좋았고요. 묘하게 밴드랑 저랑 접점이 있는 거예요. 예를 들면 최정훈, 김도형 님이 성남 출신이라 '성남 출신이라고? 어? 나도 성남 사는데?' 싶어서 반갑기도 했고요. 계속 음악을 듣다 보니 어느새 팬아트를 그리고 있었어요. 저는 팬아트 그리게 되면 입덕이라고 치거든요.

샛별 그플 처음 갔을 땐 어땠어요?

바리 제가 갔던 일요일에는 비가 많이 왔어요. 주최 측에서 우비를 나눠 줬는데, 그때는 아직 페스티벌을 잘 몰랐을 때라 공짜로 주는지도 몰랐어요. 우비는 입자마자 다 찢어지고, 비 때문에 공연은 지연되고…. 무대 음향도 안 좋다고 난리였어요. 이게 뭔가 싶은 아수라장이었는데, 그래도 결국은 비를 뚫고 잘 즐겼어요.

하이린 저도 그때 갔거든요. 부스에 전기가 나가서 결제가 안 된다며 맥주를 안 팔았던 기억이 나요. 바리는 초반부터 험난하게 비 오는 페스티벌을 겪었네요.

바리 네. 근데 비 오는 페스티벌이 또 재밌더라고요. 그 뒤로 그플은 경주랑 동해에서도 열리고, 꽤 잘 되고 있는 줄 알았는데, 이제는 사라져버렸네요….
(다들 숙연해졌다.)

아무래도 가이드북이다 보니까, 우리 모두 기획 과정에서 페스티벌 입문자 시점을 많이 고려했잖아요. 그러면서 자연스럽게 각자의 처음을 떠올려 보게 됐고요. 여러분의 입문자 시절은 어땠나요.

바리 초반에는 어떻게든 누구 한 명 데려가서 같이 보려고 했어요. 그 사람이 페스티벌을 좋아하든, 관심이 있든 없든, 일단 친구를 데려가서 같이 보자는 주의였어요. 근데 2019년 여름 이후로 모든 걸 놔버리고 혼자 다니기 시작했어요.

하이린 그때부터 레벨 업을 한 건가요?

바리 그건 아니에요. 사실 같이 가기로 했던 친구가 약속을 취소하면서 어쩌다 혼자 가게 됐어요. 근데 혼자 가도 재밌더라고요. 어차피 친구랑 가도 공연 보다가 찢어져서 다니게 되잖아요. 그러다 혼자 노는 법도 터득한 거죠. 혼자 가서는 스탠딩존에서 다른 사람한테 말 걸고 대화 나누면서 놀았어요. 한동안 항상 스탠딩존에서 존버하면서 5열 이내에서 봤는데, 그땐 지금보다 어려서 가능했던 것 같아요.

하이린 근데 바리는 내성적인 편이잖아요. 페스티벌에서 모르는 사람한테 먼저 말 걸면서 놀았다는 건 의외네요.

바리 제가 말 걸었던 적도 있지만, 간택되길 기다렸던 적도 있어요. '말 걸어줬으면 좋겠다'라고 생각하면서. 굿즈 드러내면서 슬그머니 다가가고.

하이린 <봇치 더 락!*>이 떠오르네요. 거기서도 주인공이 밴드 굿즈 주렁주렁 달고 다니면서 누가 알아보고 말 걸어주길 기다리잖아요.

바리 맞아요. 저도 대화하기 편하게 맥주 두 잔 정도 마시고 가기도 했어요. 펜스 존버는 생각해 보면 아쉬운 부분이 있어요. 잔나비가 나올 때까지 대기하는 동안 시간대가 겹치는 다른 무대는 아예 못

*일본의 밴드 애니메이션. 낯가림이 심하고 대인관계가 서툰 주인공 '봇치'가 '결속 밴드'를 결성해 밴드 활동을 하는 내용이다.

봤거든요.

근데 아도이랑 새소년은 잔나비랑 같은 스테이지에서 공연할 때가 많았어요. 덕분에 두 밴드한테는 지금도 내적 친밀감을 갖고 있어요.

하이린 저는 처음부터 페스티벌을 혼자 다녔어요. 딱히 일행을 구할 생각조차 안 하고 티켓 예매해서 냅다 갔던 것 같아요.

샛별 그전에도 단독 공연이나 홍대 클럽 공연은 혼자 보러 갔었죠?

하이린 네. 혼자 공연 본 적이 많다 보니까 페스티벌을 혼자 가는 것에도 심리적 장벽이 없더라고요. 페스티벌도 공연의 일종이니까요. 그리고 평소에도 혼자 영화 보러 가고 여행 다니고 그러는 성격이라.

샛별 작년 펜타포트 때는 10명이 같이 숙소 쓰고 놀았잖아요. 그땐 어땠어요?

하이린 너무 재밌었죠. 근데 지금도 같이 갈 일행은 딱히 없던데요?(웃음) 아무튼 혼자 가는 것도 재밌어서 굳이 나서서 일행을 구하지는 않아요. 근데 가끔 친구나 가족이 같이 가자고 하면 같이 가요. 그것 말고도 입문자 시절 기억을 꼽아보자면, 그땐 페스티벌을 좀 원시적으로 즐겼던 것 같아요. '뭐, 예매만 하면 되는 거 아닌가? 몸만 가면 알아서 되겠지!'라는 생각으로 공지사항도 안 읽어보고 안일하게 갔어요. 그러다 양일권 팔찌를 토요일 밤에 잘라버리는 사건이 발생했죠. 그때에 비하면 지금은 체계적으로 즐긴답니다. 공지사항도 읽고, 준비물도 꼼꼼하게 챙기고, 예습도 해요.

다람쥐 저도 페스티벌 세계에 막 눈 떴을 땐 가고 싶은 페스티벌이 정말 많았는데 같이 갈 사람이 많지 않았어요. 우리 책에 나오는 온갖 회유 방법도 다 써봤는데요. 그렇게 해서 어쩌다 친구랑 같이 가도, 친구가 공연을 잘 즐기고 있는지 눈치 보다가 오히려 제가 공연을 제대로 못 즐기게 되더라고요. 그래서 그냥 솔플로 다니기 시작했죠. 근데 페스티벌 자원활동가로 몇 번 참여하다 보니 주변에 음악 좋아하는 친구들이 조금씩 많아졌어요. 이제는 혼자 예매해놓고 일단 가면 아는 사람을 많이 마주쳐요. 음악 친구들 중에 예매한 친구들이 몇 명씩은 꼭 있더라고요.

샛별 저는 스무 살, 음주 가능한 나이부터 본격적으로 페스티벌에 다니기 시작했어요. 페스티벌 입문자 시절 마음먹고 갔던 곳 중 하나가 2009년 지산 밸리였죠. 오아시스가 해체하기 한 달 전 헤드라이너로 공연했던 바로 그 페스티벌…. 그땐 타임테이블에 적힌 공연은 지그재그로 다 챙겨 보면서 하루 종일 달렸어요. 첫 공연부터 헤드라이너 공연, 새벽 애프터 공연까지 전부 챙겨 봤죠. 타임테이블에 있는 공연은 다 봐야 되는 줄 알았어요.

바리 한창 시간표에 익숙할 나이죠.

다람쥐 맞아요. 페스티벌에 처음 가면 보고 싶은 아티스트가 너무 많아서 욕심을 내려놓기가 힘들잖아요. 밥을 굶더라도 보고 싶은 아티스트는 꼭 챙겨 봐야죠. 심지어 저는 보고 싶은 무대가 동시에 진행되면 중간에 이동해서라도 어떻게든 둘 다 보려고 했어요.

샛별 그렇게 다 챙겨 봐도 지치지 않을 체력이었고요. 그때는 오래 기다리지 않아도 펜스가 잡히더라고요. 기차놀이를 진두지휘하며 스탠딩존을 휘젓고 다니기도 했어요. 사실 처음이라 기차놀이라는 것도 몰랐어요. 친구가 저랑 떨어질까 봐 어깨를 잡으며 앞으로 간 건데 다들 뒤따라 잡다 보니 기차놀이가 됐어요. 음식 사 먹을 돈은 술 마시는 데 탕진했고, 페스티벌에서 멀쩡했던 기억이 별로 없네요. 아쉽게도 그때는 스마트폰이 없었던 시절이라 사진도 안 남아있어요.

바리, 하이린 와, 그건 생각도 못 했어요! 그러고 보니 저희 둘은 첫 페스티벌부터 스마트폰이 있었네요.

샛별 스마트폰이 있었더라면 페스티벌에서 젊었던 내 모습도 많이 남겨 놓고 해체 전 오아시스도 마구 찍었을 텐데 싶어요. 지금은 페스티벌에서 금방 지쳐 쓰러지는 저도 한창 날아다닐 때가 있었는데, 찍어둔 게 없으니 어니 가서 증명하시도 못해요.

그렇게 처음 갔던 지산에서는 아무것도 모르고 캠핑까지 했어요. 온라인 카페에서 누가 '지산에서 캠핑할 사람'이며 모임을 주도하길래 같이 갔죠. 너무 오래돼서 누구랑 캠핑하고 놀았는지 정확히 기억나지는 않는데, 처음 보는 사람들끼리 캠핑존 주변에서 기타 치고 노래 부르고 그랬어요. 요즘은 찾아볼 수 없지만 진짜 낭만이 있던 시절이었죠.

하이린 저도 지산 갔을 때 본 적 있어요. 캠핑존은 아니고 리조트 근처에서요. 새벽 4시에 출발하는 셔틀버스 기다리면서 쉬는데, 근처에서 수련회 캠프파이어처럼 약 스무 명이 둥글게 모여 앉아서 기타 치고 노래 부르더라고요. 라디오헤드, 콜드플레이 노래 부르면서요. 저도 자연스럽게 한자리 꼈어요. 그 순간 새벽 공기와 분위기가 정말 좋더라고요. 잊히지 않아요.

샛별 그리고 지산에는 그냥 길바닥에서 노숙하는 사람도 많았어요.

하이린 주최 측에서 뭐라고 안 했어요?

샛별 네. 안 하더라고요. 페스티벌에선 관람 구역만 싹 청소하고 통제했고, 사람들 다니는 길바닥에서 아무렇지 않게 자는 사람이 많았어요. 대낮이 될 때까지 서로 돗자리 덮고 자던 두 사람은 아직도 생각나요.

바리 지산에는 낭만과 노숙이 있었다.

기억에 남는 에피소드는 희망 편과 절망 편으로 나눠서 이야기해 보면 어떨까요. 페스티벌에서 가장 행복했던 기억과 가장 고생했던 기억으로 나눠서.

바리 저는 2022년 부산 락페*요. 그때 행복한 일만 일어났거든요. 운 좋게 1열 정중앙 펜스를 잡았고, 마침 옆에 있는 관객들도 뜻이 잘 맞는 좋은 분들이었어요. 대화가 잘 통해서 빠르게 친해졌어요. 가끔 1열 보면 좋아하는 아티스트 말고 다른 공연은 가만히 서서 보는 사람도 있잖아요. 그날은 그런 사람이 한 명도 없었어요. 낮부터 다른 공연에도 다 같이 신나게 뛰어놀았어요. 너무 잘 노니까 무대에서도 눈에 띄었는지, 잔나비 보컬 최정훈 님이 펜스 난입할 때도 이쪽으로 내려와서 코앞에서 볼 수 있었어요. 공연 끝나고는 제 쪽으로 슬로건과 피크도 던져줬고요.

샛별 받았나요?

바리 받았죠. 그리고 공연도 즐거웠지만,

*이하 부락

부산 MBC에서 근무하며 그 광경을 촬영한 대학 선배가 "너 맨 앞에서 노는 거 잘 봤다"라고 연락했던 것도 기억에 남아요. 좁디좁은 세상…. 제가 뛰어노는 모습은 유튜브에 박제됐더라고요.

다람쥐 저는 2022년 펜타포트가 가장 기억에 남아요. 아마 3년 만에 처음 간 페스티벌이었을 거예요. 저희가 「NO MUSIC NEW LIFE」 책을 만들 때 인터뷰에 참여했던 뮤지션들이 많이 나와서 감회가 새롭더라고요. 그 분들이 하루빨리 코로나가 잠잠해져서 페스티벌이 우리 곁에 돌아오길 바란다며 인터뷰에서 했던 말들이 하나씩 생각나면서 가슴이 벅차오르더라고요. 오랜만에 얼굴을 보는 음악 친구들도 엄청 많았어요. 행복해서 3일 내내 술도 왕창 마셨고요. 마지막 날 이디오테잎 무대는 취해서 기억이 잘 안 나는데, 사진으로만 남아있어요. 이건 절망인가요, 희망인가요.

하이린 결과적으로 즐거웠으니까 후자인 것 같네요.

다람쥐 말하다 보니 또 좋았던 기억이 생각나는데, 2023년에 홍콩에서 열린 클라켄플랍** 페스티벌에 갔을 때 진짜 재밌었어요. 친구의 친구까지 모이니까 거의 열 명이 같이 갔거든요. 페스티벌이 아니더라도 친구들과 가는 해외여행부터가 재미있는 경험이잖아요. 공연을 보는 시간 외에도 같이 홍콩을 여행했는데 너무 좋았어요.

샛별 아니, 10년 전에 우리랑 같이 갔던 글래스톤베리는!

다람쥐 그때도 당연히 재밌었는데, 아무래도 최근 기억이 가장 생생하니까. 그리고 홍콩에서는 해가 진 뒤에 무대 뒤편을 빼곡하게 수놓은 고층 빌딩 불빛들이 정말 아름다웠어요. 홍콩에 다국적 기업의 아시아 지사가 많은데, 해외 시차에 맞춰서 근무하는 사람들이 많아서 빌딩마다 불이 켜져 있는 거라고 하더라고요.

바리 노동으로 빚어진 아름다운 야경이라니. 웃프네요.

하이린 저한테는 행복한 순간이 조각처럼 남아 있는데, 마침내 보고 싶었던 밴드를 직접 봐서 감격했던 순간이 많아요. '내가 세카이노 오와리를 보다니! 스트록스를 보다니! 블러를 보다니!'하면서요.

그중에서도 최고는 역시 2015년 안산 밸리에서 노엘 갤러거를 봤던 순간인 것 같아요. 락페도 처음이었고, 헤드라이너 무대를 보는 것도 처음이었고, 노엘 갤러거를 보는 것도 처음이었거든요. 특히 'Champagne Supernova'를 부를 때가 장관이었어요. 바닥은 진흙탕인데, 사람들이 흔드는 휴대폰 플래시는 은하수처럼 아름답고…. 노엘도 자꾸 감동받은 표정으로 고개 끄덕이고…. 정말 행복해서 죽을 것 같았어요.

다람쥐 그때 비가 많이 왔죠. 사람들이 안산 머드 축제라며 SNS에 올렸던 영상이 아직도 기억에 남아요.

하이린 2023년 렛츠락에서 쏜애플 깃발을 들었던 것도 잊지 못할 하이라이트였어요. 쏜애플 깃발을 드는 건 10년 만에 처음이었는데요. 그냥 깃발을 드는 것과 좋아하는 아티스트 깃발을 드는 건 또 다르더라고요. 좋아하는 밴드의 로고를 휘날리는 것 자체만으로 벅찼어요.

샛별 쏜애플 깃발 들고 온 다른 팬도 있었죠?

하이린 저 포함해서 서너 명 있었어요. 특히 서클핏 가운데로 여러 깃발 모일 때 있잖아요. 그때 정말 행복하더라고요.

바리 저도 올해는 잔나비 깃발 만들 겁니다.

**Clockenflap

샛별 제게 가장 기억에 남는 일화는, 2009년 지산 밸리에서 목마를 탔던 기억이에요. 그날 헤드라이너였던 베이스먼트 잭스 무대가 마침 카니발 축제 콘셉트였거든요. 화려한 옷 입은 댄서들이 나와 삼바춤도 추고, 신나는 퍼레이드 분위기 있잖아요. 그때 스탠딩존에서 신나게 놀고 있었는데 옆에 있던 덩치 큰 형님이 올라타라는 제스처를 하셔서 목마를 처음 타봤어요. 제 키가 큰 편이라 웬만하면 저를 드는 게 힘들었을 텐데, 그 형은 저보다 훨씬 컸어요. 그때만 해도 페스티벌에 목마가 많지 않았던 시절이라 관객들이 다 저를 쳐다봤죠. 저는 위에서 관객들을 내려다봤고요. 그 상태로 다 같이 즐겼던 기억이 진하게 남아 있어요. 페스티벌에서 그렇게 많은 사람들의 주목을 받아본 것도 처음이었고, 목마도 처음이자 마지막이었네요. 지금도 그때 목마 태워줬던 큰 형님을 찾고 있습니다.

바리 페스티벌 라이프 팔로워일 수도!

샛별 계속해서 여기저기 사연을 남기는데 아직 연락은 못 받았어요. 어디서 뭐하고 계신지는 모르겠지만 만나게 된다면 페스티벌 대접(?) 해드리고 싶습니다. 이렇게 옛날 기억이 하나 있고요. 최근 일화는 제 깃발이 언급되었던 사건이에요. 2022년 펜타포트에서 '나락도 락이다' 깃발을 흔들고 놀았는데, 마지막 날 헤드라이너였던 자우림 김윤아 님이 제 깃발을 언급했어요. 심지어 그냥 언급만 하는 게 아니라 관객과 다 같이 구호를 외치기까지 했죠. "나락도! 락이다! 나락도! 락이다!" 하면서요. 사실 당시에는 깃발이 언급된 것에 대한 놀라움보다는, 수많은 사람들에게 주목받은 부끄러움이 더 커서 도망치고 싶었어요. 구호에 맞춰 호응해야 하니 깃발을 내릴 수도 없고. 분위기에 맞춰 더 열심히 흔들었죠. 공연 끝나고는 부끄러워서 깃발을 후다닥 접고 얼른 자리를 떠났습니다.

다람쥐 저도 생각납니다. 스탠딩존 어딘가에서 흐뭇하게 지켜봤죠.

샛별 돌이켜보면 굉장히 영광스러운 순간이었어요. 17년 페스티벌 인생에서 단 한 번도 뮤지션에게 불려본 적이 없는데, 그렇게 호명되니까 너무 신기하고 영광스러웠죠. 그게 화제가 돼서 '나락도 락이다' 깃발이 뉴스에도 나오고, 연예인들도 쓰면서 유행어로 퍼지고, 덕분에 굿즈까지 만들게 됐네요.

다람쥐 생각해 보니 2022년 펜타에서 절망적인 순간도 있었네요. 맥주 마실 때 일회용 컵을 쓰고 싶지 않아서 제주에서부터 텀블러를 가져갔거든요. 가방 없이 놀려고 텀블러에 카라비너를 달아 허리에 매달아 놨는데, 미친 듯이 뛰어놀다가 정신을 차려보니 텀블러는 어디론가 사라지고 카라비너만

남아있더라고요. 마음에 쏙 드는 텀블러였는데, 눈물을 머금고 똑같은 걸 한 번 더 샀어요. 근데 그걸 DMZ 피스트레인에서 술 먹고 또 잃어버렸어요. 심지어 절대 안 잃어버리려고 가방에 넣어놨는데, 가방을 통째로 잃어버렸어요.

하이린 페스티벌 끝나고 올라오는 분실물 게시물 볼 때마다 '어떻게 가방을 잃어버렸지?' 싶었는데 가방 잃어버린 사람이 바로 여기 있었네요. 분실물 공지에도 없었나요?

다람쥐 스폰서 브랜드에서 무료로 나눠준 스트링백이라 제 소지품이 들어있는 걸 찾기가 힘들더라고요. 여기저기 수소문했는데 결국 제 품에 돌아오지 못했습니다. 페스티벌에서 텀블러를 두 번이나 잃어버리다니…. 난 진짜 구제불능이다 싶어서 다른 텀블러를 쓰려고 했는데, 그 텀블러가 아니면 절대 안 될 것 같더라고요. 크기, 색감, 로고 위치 등 저한텐 모든 게 완벽했거든요. 결국 세 번째 다시 샀는데, 또 잃어버릴까 봐 무서워서 이제는 쓰지도 못하고 집에 고이고이 모셔놓고 있습니다.

하이린 저는 첫 락페였던 2015 안산 밸리 이야기를 안 할 수가 없는데요. 페스티벌에 모기가 너무 많았어요. 어떤 느낌이었냐면, 모기 양식장에 감히 인간이 침입해 모기들에게 뷔페를 차려준 것 같았달까요. 서 있으면 우람한 산모기 다섯 마리가 동시다발적으로 달려들어 물어뜯는 게 느껴졌어요. 페스티벌 끝나고 집에 돌아와서 모기 물린 곳을 다 세어봤더니 총 58방이더라고요. 너무 많이 물려서 아프고, 진물 나고, 잠에 들기도 어려웠어요. 인터넷에 '모기에 너무 많이 물려서 죽은 사람' 같은 거 검색해 보고 그랬어요. 죽은 사람 없더라고요. 제가 최초 사례가 될 수 있겠다고 생각했어요. 그리고 2019년 오사카 섬머소닉에서 하루 종일 한 끼도 안 먹었던 것도 고생이었죠.

바리 오사카면 여름에 엄청 덥잖아요. 더워서 입맛이 없었나요?

하이린 그렇기도 했고, 공연 보느라 바빠서 밥 먹을 시간이 없었어요. 그런데 신기하게도 음악에 취해서인지 배가 고프지 않더라고요. 그러다 숙소로 돌아가는 셔틀버스를 타자마자 엄청난 허기가 밀려왔어요. 마침 가방에 챙겨온 빵이 있어서 허겁지겁 먹었답니다.

바리 저는 뷰민라나 GMF에서 주로 절망을 경험했어요. 제가 갔을 때 라인업에 떠오르는 인기 밴드가 많아서 페스티벌 전날부터 '게이트 앞에 밤샘하는 사람들이 있다, 어떤 사람들은 이틀 밤새웠다' 같은 얘기가 들려오더라고요. 가기 전부터 걱정이 됐는데 가보니 스탠딩존에서 팬들끼리 싸우고, 싸워서 퇴출되고, 남은 사람들끼리 기싸움하는데 나는 솔플이고, 그 안에서 혼자 뻘쭘하게 즐기고….

또 다른 사건은 제가 작년 펜타포트 때 스탠딩존에서 쓰러져 안전요원에게 뽑혀 나갔던 일이에요. 다행히 휴식을 취했더니 괜찮아져서 남은 페스티벌은 무사히 즐길 수 있었답니다. 닭강정 먹고 살아났어요.

샛별 근데 페스티벌에선 고생했던 것도 다 즐거워지지 않나요? 내가 선택했고, 내가 사서 하는 고생이고, 고생할 거 각오하고 간 거니까요.

바리 그렇게 말씀하시면 우리는 뭐가 되나요. 우리는 앞에서 절망을 토로했는데.

샛별 외부적으로 찾아온 절망은 있었죠. 2019년 후지록 갔을 때 산속에서 캠핑을 했거든요. 그때 뉴스 찾아보면 알겠지만, 일본 밑에서 북상해오는 태풍이 엄청났어요. 그 태풍이 딱 후지록 지역을 관통하면서 비가 엄청나게 쏟아지고 바람도 많이 불어서 텐트의 반은 날아가고 반은 쓰러졌어요. 산속이라 나무도 쓰러지더라고요. 텐트 위로 나무가 쓰러질까 봐 걱정하면서 조마조마한 마음으로 버텼어요. 인스타그램 스토리로 상황을 실시간 중계하면서 '만약 내가 더 이상 업로드가 없다면 내게 무슨 일이 생긴 것으로 알라'며 유언 비슷한 걸 올리고 그랬죠.

다람쥐 저는 인스타 스토리로만 봤는데, 재난 영화인 줄 알았어요.

샛별 다음 날 아침에 눈을 떠보니, 텐트가 다 날아가 있고 완전 쑥대밭이었어요. 태풍 온 날이 페스티벌 첫째 날이었는데 또다른 태풍이 온다고 하니까, 페스티벌 주최 측에서 호텔을 개방했어요. 호텔에 전시회나 컨퍼런스를 위한 큰 홀이 많잖아요. 거기를 개방해서 캠핑하는 관객들 다 들어오게 해줬어요. 비 맞은 생쥐처럼 홀딱 젖은 관객들 모두 호텔로 들어와서 젖은 옷가지들 말리고, 거기서 수재민처럼 먹고 자며 머물렀어요. 캠핑 관객 입장에서는 오히려 좋았죠. 실내라 비를 피할 수 있었고, 에어컨 덕분에 시원하고 시원하고 뽀송하게 잘 지냈습니다.

하이린 2019년이면 또 국내 페스티벌이 어지러웠을 때잖아요. 어떤 페스티벌에서는 비가 많이 온다고 당일에 일방적으로 공연 취소를 통보하기도 했죠. 아티스트 측 요청으로 취소되었다고 거짓말까지 하면서요.

샛별 후지록에서는 그냥 비도 아니고 태풍을 동반한 폭우가 왔는데 모든 공연이 차질 없이 진행됐어요. 낮에는 졸졸 흐르던 시냇물이 저녁에 콸콸 넘쳐흐르는 강이 됐을 정도로 비가 많이 왔는데도요. 관객들을 위해 호텔을 내어줬다는 것도 감동이었어요.

바리 역시 스케줄과 매뉴얼의 나라.

샛별 그리고 페스티벌에 브랜드 부스가 많이 참여하잖아요. 그중 타워레코드도 있었는데, 태풍으로 피해 입은 캠핑 관객들에게 티셔츠도 무료로 나눠줬어요. 옷이 다 젖었을 테니까 갈아입으라면서요. 스태프들이 먼저 와서 캠핑 관객들 사이즈까지 조사하면서 나눠줬어요.

바리 그 와중에 사이즈까지 조사했다고요?

샛별 페스티벌 주최 측도, 참여한 브랜드도 이렇게까지 배려해 주고 도와주니까 그렇게 고생을 했어도 또다시 찾게 되더라고요. 덕분에 후지록은 믿고 가는 페스티벌이 되었답니다. 일본 가면 타워레코드도 항상 들르고요. 이런 분위기가 있기에 관객들도 야외에서 고생할 리스크를 감안하고 오는 선순환이 이루어지나 싶었죠. 절망으로 시작했으나 희망으로 끝났던 에피소드였네요.

그럼에도 불구하고, 우리는 왜 페스티벌에 가는 걸까요. 책에서는 일반적 서술과 설명을 주로 했으니까, 여기서는 좀 더 본질적인 이야기를 해봐도 좋을 것 같아요. 페스티벌에 대한 방법론적 가이드가 아닌 철학적 가이드랄까요. 다들 도대체 왜 페스티벌에 다니시나요.

바리 회사에서든 일상에서든, 살다 보면 인류애가 상실되는 사건들이 생기잖아요. 근데 페스티벌 가서 슬램 몇 번 하고 덩실덩실 춤추다 보면 다시 인류애가 회복되는 기분이 들어요. 페스티벌은 스트레스를 합법적으로 건전하게 풀 수 있는 최적의 장소잖아요. 언제 그렇게 실외에서 소리 지르고 뛰어다니면서 놀겠습니까. 음악을 좋아하는 사람들이 모여있으니까 긍정적인 에너지도 가득하고, 페스티벌에서는 웬만하면 서로에게 친절하게 대해주는 것도 좋아요.

하이린 공감해요. 저도 사실 밖에서 모르는 사람이랑 스몰토크 킬하고 그런 성격이 아니거든요. 근데 페스티벌만 가면 낯선 이에게도 개방적이게 돼요. 페스티벌에서 같은 밴드 슬로건을 들고 있다는 이유만으로 지나가면서 모르는 사람이랑 하이파이브 한 적도 있고요. 한번은 슬램핏에서 슬램이 처음인 것 같은 여성분이 넘어질까 봐 조금 무서웠는지 "팔짱 껴도 될까요?"라고 물어왔는데, 저도 흔쾌히 "당연하죠!"라고 대답하면서 팔을 내어줬어요.

샛별 그러게요. 아침 출근 지하철에서 누가 "팔짱 껴도 될까요?"라고 물어보면 이상할 텐데, 페스티벌 슬램존에서는 그게 전혀 이상하지 않네요.

하이린 사실 저는 이번 책을 만들면서 가끔씩 '내가 페스티벌을 좋아하는 게 맞나?'라고 자문하기도 했어요. 전 페스티벌에 공연 보러 가는 게 크거든요. 그래서 라인업도 중요하고요. 그런데 생각해 보니 일반 공연과 달리 페스티벌에서만 해소할 수 있는 갈증이 확실히 있더라고요. 탁 트인 공간에서 정말 다양한 사람들이 세대와 성별 상관없이 음악으로 하나 되는 느낌. 그런 건 정말 페스티벌에서만 가능한 것 같아요. 음악에 미친 듯이 뛰어노는 것도 너무 좋고요.

다람쥐 저도 예매할 때는 보고 싶은 뮤지션에 혹하는 마음이 큰데, 막상 가면 그냥 마음 놓고 하루 종일 맥주 마시면서 음악 듣고 친구들 만나는 자유로움이 큰 것 같아요. 뛰면서 춤출 수도 있고, 누워 있을 수도 있고. 거기에 야외라는 특성과 좋은 날씨까지 더해지면 그것보다 좋은 경험이 없는 것 같아요. 가장 쉽고, 빠르고, 가까운 곳에서 즐길 수 있는 일탈이니까요. 그래서 페스티벌을 좋아했었었죠.

하이린 대과거형이네요. 지금은 아닌가요?

다람쥐 아직도 좋아하고, 한 번 가면 재밌게 잘 놀지만, 제주에서 페스티벌 가는 게 쉽지 않아요. 비행기랑 숙소도 예매해야 하니까 돈도 훨씬 많이 들고요. 철원에서 열리는 DMZ 피스트레인 같은 건 제일 남쪽에서 제일 북쪽까지 가려니, 교통편도 만만치 않거든요. 공연이나 페스티벌을 자주 다니기엔 수도권에 사는 게 유리한데, 제주 라이프를 포기할 수가 없어요. 페스티벌을 잃은 대신, 출근 전에 바다 수영을 하고 계절에 따라 조개 잡고 산딸기 따는 제주의 일상을 얻었달까요. 전 이제 현역 페스티벌 라이프는 아닌 것 같아요.

샛별 제주로 떠난 이후 페스티벌에서 보기 힘들어진 다람쥐….

바리 아, 행복했던 날들이었다…*

샛별 페스티벌에 가면 음악과 함께 내 안의 것들을 온전히 꺼내면서 즐길 수 있어서 좋아요. 일상에서는 여러 현실적인

*데이식스 - 행복했던 날들이었다(2018)

문제와 사회적 체면이 있기 때문에 하고 싶은 대로 굴 수 없잖아요. 그걸 풀 수 있는 공간도 마땅치 않고요. 또 페스티벌에는 나와 비슷한 취향을 가진 사람들이 가득한 것도 좋아요. 주변에서는 찾아보기 힘든데, 음악과 공연을 좋아하는 우리가 주류가 되는 페스티벌에서 다 함께 뛰어놀 수 있다는 만족감은 대체할 수 없는 것 같아요. 같이 놀다가도 잠시 뒤로 물러나 '얘네들 잘 노네'라고 흐뭇하게 바라보면서 구경도 해요.

하이린 오, 지금 말투 되게 담임선생님 같았어요.

샛별 잘 노는 사람들을 보면 '나도 옛날엔 저랬지'하면서 에너지를 많이 얻어요. 저는 이젠 스탠딩보다 앉아 있는 시간이 많아졌거든요. 결정적으로 페스티벌에 갔을 때만큼은 모든 걱정을 잊고 온전히 즐길 수 있어서 좋은 것 같아요. 현실에서는 바쁘게 치여 살고, 여러 걱정과 불안이 뒤따르는데 페스티벌에서는 아무런 상념이 들지 않죠. 그래서 이제 페스티벌 덕분에 여름이 기다려져요. 페스티벌 다니기 전까지는 여름을 싫어했는데 말이죠.

바리 저도요!

하이린 저도.

샛별 페스티벌 덕분에 여름엔 좋은 추억밖에 없더라고요. 옛날엔 봄이 지나고 날씨가 더워지기 시작하면 '아, 이제 더워지겠네'라는 생각에 슬슬 짜증이 났는데, 이제는 '어? 곧 페스티벌 가겠다'라고 기대감부터 생겨요.

다람쥐 생각해보면 현장에서는 더위에 땀 흘리느라 정신이 하나도 없고, 사진 찍을 의욕도 없는데, 이상하게 집에 오면 기억이 미화되더라고요. 그래서 또 예매를 하고….

하이린 페스티벌은 1년 중 고작 2~3일이잖아요. 여러 페스티벌을 간다고 해도 열흘 내외일 거고요. 근데 며칠의 페스티벌로 계절 전체가 즐거운 기억으로 물들여지는 것 같아요.

다람쥐 맞아요. 그리고 매년 같은 페스티벌에 가더라도 라인업이 달라지고 같이 가는 사람들이 달라지니까 매번 새로운 추억이 쌓이잖아요. 그래서 또 예매를 하고….

샛별 다양한 뮤지션의 공연을 하루 종일 볼 수 있다는 것도 페스티벌을 가는 이유 중 하나인 것 같아요. 평소에는 절대 찾아 듣는 음악이 아닌데, 페스티벌에서 어쩔 수 없이 봤다가 의외의 발견을 많이 하거든요. 아무리 공연 많이 봤고 음악 많이 들었다고 생각해도 여전히 새로운 아티스트는 많더라고요. 근데 평소에 다 찾아보고 들을 순 없으니 페스티벌에서 새로운 발견을 하고 오는 거죠.

100 페이지 넘게 페스티벌의 여러 종류와 요소를 다루다 보니 문득 궁금해지더라고요. 그렇다면 가장 이상적인 페스티벌은 어떤 형태일까? 이건 저마다 페스티벌에서 중시하는 가치가 무엇인지 엿볼 수도 있는 질문인 것 같아요.

샛별 이제 페스티벌을 하도 많이 봐서 그런지, 라인업도 중요하지만 페스티벌 자체를 즐길 수 있는 매력이 더 중요한 것 같아요. 페스티벌 오래 다닌 사람들은 대체적으로 그렇게 말하더라고요. 저도 처음엔 라인업만 보고 쫓아다녔어요. 라인업이 전부인 페스티벌은 라인업이 계속 비슷한 수준을 유지해야 관객들이 온단 말이에요. 라인업이 조금만 부실해지면 더 이상 갈 이유가 없고, 더 높은 수준의 라인업이 있는 다른 페스티벌로 옮겨 가요. 반면 라인업 외에 다른 매력으로 관객을 만족시키는 페스티벌은 계속 가게 돼요. 대표적인 예시가 DMZ 피스트레인이에요. 거기는 한 번 갔던 사람은 라인업이 어떻게 나오든 또 가요. 그렇게 라인업 외에 즐길 거리가 많은 페스티벌이 제게는 가장 이상적인 페스티벌인 것 같아요.

하이린 페스티벌에서 라인업 외 즐길 거리라는 게 구체적으로 어떤 걸까요?

샛별 전체적인 분위기와 그 분위기를 만드는 사람들이랄까요. 제가 말했던 DMZ 피스트레인을 예로 들자면, 강원도 철원에서 열리다 보니 꽤 먼 거리에다 교통편이 편하지 않아 진입장벽이 있어요. 게다가 이 거리를 가고 싶을 만큼의 대중적인 라인업도 아니죠. 그러다 보니 소위 말하는 '페스티벌 고인물'과 라인업 상관 없이 놀 줄 아는 분들이 많아요 그만큼 놀 줄 아는 분들이 많아요. 얼핏 보기엔 정신없어 보여도 우리만의 질서가 있거든요. 실제로 현장도 굉장히 자유롭고 웬만한 건 다 허용돼요. 주최 측에서 자유를 주는 만큼 저희도 책임감 있게 놀고요. 서로에 대한 이해와 배려가 기본으로 깔려있죠. 예를 들어 좁은 공간에서 놀다 보면 부딪히거나 맥주를 쏟을 때도 있는데, 날 선 반응을 하기보다는 서로 사과하고 괜찮다며 '그럴 수도 있지' 하는 분위기예요. 주변 식당에서도 자리가 없으면 합석하고, 안주 나눠 먹다 친해져서 또 같이 놀기도 해요. 실제로 저도 친구가 자리 잡은 테이블에 늦게 도착했는데, 이미 다른 이와 합석해서 술을 마시고 있더라고요.

바리 비슷하면서도 다른 얘기가 될 수 있을 것 같은데, 저는 어디서 보든 재밌는 페스티벌이 좋은 페스티벌인 것 같아요. 앞에서 보든 뒤에서 보든 재밌는 페스티벌이요. 저는 팬덤 문화에 관심이 많아서 다양한 팬덤을 관찰하는 편인데요. 팬덤 내부에서 분열이 일어나고, 그걸 소속사에서도 제대로 관리하지 못하고, 아티스트도 잘 대처하지 못해서 팬덤 분위기가 안 좋아지는 경우를 많이 봤어요. 그중 하나가 페스티벌에서 팬들끼리 앞자리를 잡으려고 과열되는 거예요. 앞에서 봐야만 좋다는 생각이 강해서 자리 잡다가 싸우고, 아까 말했던 절망 편으로 나타나는 거죠. 하지만 앞에서 보나 뒤에서 보나 재밌는 페스티벌에서는 자리 잡기가 크게 중요해지지 않잖아요. 관객들도 자리에 연연하지 않고 순환이 잘 이루어지고요. 어디에서나 봐도 재밌어서, 관객 사이에서도 순환이 이루어지게끔 만드는 페스티벌이 좋은 페스티벌이 아닐까 생각해요.

다람쥐 저도 크게 다르지 않은 것 같아요. 모든 연령대의 관객이 편한 분위기로 즐길 수 있는 페스티벌. 장소 자체만으로도 쉼이 되는 공간에서 열리는 페스티벌이 이상적인 것 같아요. 일본이나 영국에서 열리는 페스티벌에 갔을 때도 유독 바닷가 근처에서 열리는 페스티벌이 좋더라고요. 그런 곳에서는 노을만 봐도 기분이 좋은데, 라이브 음악까지 더해진다? 금상첨화죠. 샛별이 말한 것처럼 라인업이 어떻게 됐든 흘러나오는 음악이 좋게 느껴질 수밖에 없어요. 바리가 말한 것처럼 자리 경쟁이 치열한 분위기가 생길 수도 없고요.

하이린 여러분한테 호기롭게 질문 던져놓고 정작 저는 잘 모르겠네요. 저는 라인업이 좋은 페스티벌이 좋은 페스티벌이라고 생각해요. 그게 꼭 헤드급 아티스트가 많은 화려한 라인업을 의미하는 건 아니에요. 물론 화려한 라인업 환영하는데요(웃음). 넓게는 페스티벌이 추구하는 스타일과 지향점이 확실하게 있고, 그 기준에 맞는 아티스트를 신중하게 선정한 라인업을 의미해요. 거물 아티스트가 많이 나오는 풍성한 라인업이 되느냐, 인디 아티스트를 발굴하는 생소한 라인업이 되느냐, 결과는 달라질 수도 있겠죠. 어쨌거나 자신들만의 정체성과 기준을 근간으로 하고 있느냐가 중요하다고 생각해요. 가끔 보면 '페스티벌

직원들이 열심히 디깅하고 고민해서 골랐구나' 느껴지는 라인업이 있어요. 단순히 유명해서, 티켓 파워가 보장돼서 데려온 게 아니고요. 그런 페스티벌은 안목에 믿음이 가요. 라인업에 모르는 아티스트가 있더라도 '이 페스티벌에서 섭외했으면 알아둘 필요가 있고 잘하는 아티스트겠지'라는 생각이 들죠.

첫 회의를 11월에 했는데, 어느덧 해가 바뀌고 5월이 되었네요. 가제본이 나왔고 최종본을 앞두고 있어요. 그동안 책을 만들면서 기억에 남는 에피소드나 소회 같은 게 있을까요.

샛별 가제본을 받았을 때 '17년 동안 페스티벌에서 시간 보낸 게 마냥 놀았던 건 아니었구나. 사람들에게 도움이 되는 뭔가를 만들어냈구나'라는 생각이 가장 먼저 들었어요. 그만큼 저의 많은 것을 책에 쏟아냈기 때문일까요. 책 만들려고 놀았던 건 아니지만 놀다 보니 이런 길을 가고 있었고, 마침 시기가 잘 맞아서 가이드북까지 나왔네요. 무엇보다 여러분을 만났기에 실현 가능했어요. 네 명이 각자의 역할을 잘 수행한 덕분이죠.

다람쥐 저는 1월부터 참여했잖아요. 처음엔 어떻게 시작된 건가요?

샛별 처음부터 각자의 능력에 맞게 역할을 나눴어요. 제가 전체적인 흐름을 짜고, 바리는 그림을, 하이린은 글을 맡았어요.

내용 구성은 모두의 경험담을 녹여냈죠. 덕후 셋이 신나게 써 내려가는 바람에 한쪽으로 치우친 부분이 분명 있었을 텐데, 다람쥐가 마지막에 합류해 원고의 균형을 잘 맞춰줬고요. 첫 독자이자 이제는 페스티벌에서 살짝 멀어진 일반인의 시선으로 많이 다듬고 바로잡아줬어요. 지금 이렇게 넷이 딱 게임 캐릭터처럼 능력치 비중이 잘 맞는달까요. 여기서 한 명이라도 빠졌으면 아쉬웠을 것 같아요. 이렇게 보니 팀원들을 모은 저의 안목이 대단하군요. 후훗.

다람쥐 맞아요. 샛별이 지금 시점에 이런 책이 필요하다는 걸 잘 캐치해 낸 덕분에 재미있고 의미 있는 프로젝트가 시작될 수 있었고, 에디터와 작가 섭외도 찰떡같이 했죠. 샛별의 고인물 경력과 하이린의 덕력과 필력, 바리의 위트 있는 만화가 더해져서 알찬 가이드북이 탄생한 것 같아요. 지난 두 권의 책을 만들면서도 느꼈는데, 여럿이 모이니 더 좋은 결과물이 나오는 것 같아요. 편집하면서 텍스트를 엄청 꼼꼼히 뜯어볼 수밖에 없는데, 이 책은 음악과 페스티벌 문화를 정말 아끼고 좋아하는 사람들, 애정을 가진 사람들만이 만들 수 있는 이야기라는 생각이 들었어요. 그걸 알아본 독자들이 있어서 펀딩도 성공적이었던 것 같고요.

바리 멤버 구성이 황금 밸런스였다는 점 동의해요. 지는 기이드북을 믿들면시 한창 수능 공부할 때 많이 봤던 참고서가 떠올랐어요. 참고서를 만든 사람들도 이렇게 만들었겠구나 싶더라고요. 진짜 해당 분야에 깊게 관여된 사람들만이 할 수 있는 생각 있잖아요. 예컨대 '비 오는 날 페스티벌에서 들으면 좋은 노래'를 던지면 다들 답변이 바로 나오는 것도 신기했고요. 실제로 페스티벌에서 경험했던 것들이 많으니까 이렇게 200페이지에 가까운 책이 나오는구나 생각했어요. 저는 슬프게도 가제본을 보지 못한 유일한 사람이라 빨리 책 실물을 보고 싶은 마음이 커요. 저희 엄마도 펀딩하셨는데 얼른 보고 싶다고 하시더라고요.

샛별 그러고 보니 바리는 본인 그림이 책 형태로 나오는 건 처음인가요?

바리 책은 처음이에요. 평소에 친구들한테 20대에 책 낼 거라고 말하고 다녔는데 그게 실현됐습니다.

하이린 앞에서 말씀하신 것처럼 작업 면에서 구성원의 조합이 좋았고, 저희 네 명의 캐릭터가 조금씩 달라서 재밌었어요. 각자 페스티벌 경험, 관람 유형, 성격, 생각이 다르다 보니 캐릭터별 코멘트를 고안하게 됐잖아요. 덕분에 내용에 입체성과 다양성이 더해진 것 같아요. 현장에서 몸으로 감각하는 것들을 체계화하고 언어화하는 것도, 입문자의 시선에서 도움이 되면서 너무 뻔한 이야기만 하지 않도록 균형을 잡는 것도 생각보다 너무 어려웠지만 어찌어찌 완성했네요. 무엇보다 '정말이지 눈물이 흐른다', '가슴이 웅장해진다' 같은 덕후의 심정은 글로 담기 힘들었는데, 만화가 그 역할을 충분히 해준 것 같아 만족스럽습니다.

샛별 감독의 구체적 지시가 없어도 명연기를 펼치는 배우처럼 뭐든지 찰떡같이 그림으로 표현하는 바리 최고!

다람쥐 저는 기억에 남는 에피소드가 하나 있어요. 제가 1차 레이아웃 보여주면서 수정사항 있으면 월요일까지 말해달라고 요청했잖아요. 그랬더니 다들 금요일 새벽에 열심히 일을 하는 거예요. 알고 보니 셋 다 주말에 페스티벌 보러 가야 돼서 일 못 한다고…. 그때 '이 사람들 페스티벌에 정말 진심이구나' 싶어서 너무 귀엽고 웃음이 나오더라고요.

하이린 그러고 보니 책 제작 기간에도 여러 페스티벌을 다녀왔죠. 네 명 모두 더 글로우 페스티벌에 다녀왔고, 저랑 샛별, 바리는 상상실현 페스티벌이랑 로드 투 부락도 다녀왔고요. 무엇보다 그 사이에 개최 공지, 라인업 공지, 티켓 오픈을 한 페스티벌도 많았어요. 펜타포트, DMZ, 서재페, 아시안 팝 페스티벌 등 각자 다양한 페스티벌을 예매했네요.

다람쥐 안 그래도 이번에 더 글로우 갈 때 페스티벌에 한 번도 안 가본 친구를 큰손 기법으로 꼬셨거든요. 근데 친구가 "나 뭐 입고 가야 돼?"라고 물어보는 거예요. 가이드북 내용이 정말 실제 상황에서 필요하구나 싶었어요. 여러분은 어떤 파트가 제일 기억에 남나요. 특별히 애정이 가거나 정성을 기울인 부분이 있는지 궁금하네요.

바리 팔로워 분들 사연 만화요. 재밌고 공감되는 사연이 많았는데, 분량이 정해져 있으니 다 싣지 못해 아쉬웠어요. 4컷보다 길게 다루고 싶은 부분도 있었고요. 비슷한 경험이 있는 분들이 공감했으면, 그리고 사연 신청자의 이야기가 잘 담겼으면 하는 마음으로 그렸는데, 재밌게 봐주시면 좋겠네요.

샛별 소개하지 못해 아쉬운 사연이 많았죠. 우리만 보기 아까우니, 나중에 만화책으로 내주세요!

하이린 페스티벌 현장을 묘사하는 부분에 특히 신경을 썼어요. 가이드북이라고 해서 정보만 나열하는 게 아니라, 현장이 어떤 곳인지 느껴지게끔 설명하는 것도 중요하다고 생각했거든요. 텍스트를 읽을 때 페스티벌의 기운이 느껴졌으면 좋겠다는 작은 바람이 있네요. 물론 백문이 불여일견이라고, 한 번 가서 느끼는 게 훨씬 더 강력하겠지만요.

샛별 저는 주변에 페스티벌에 같이 놀러 갈 사람이 없었는데, 운 좋게 온라인 팬카페

정모나 페스티벌 자원활동가로 만난 사람들과 좋은 친구가 되어 페스티벌에서 즐거운 추억을 많이 쌓았어요. 제가 겪었던 좋은 경험을 다른 사람들도 마주하길 바라며 '이런 좋은 방법도 있으니 한 번 시도해 보세요'라고 소개할 때 마음을 많이 담아서 썼던 것 같아요.

다람쥐 저는 책에 담지 못해 아쉬운 부분도 있었어요. 제주에 이사 온 뒤로 기후 위기와 환경 이슈에 관심이 많아졌는데, 지속 가능한 방법으로 페스티벌을 즐기는 방법은 아직 잘 모르겠더라고요. 예를 들어 식수대가 설치된 페스티벌이 많아진다면 일회용 플라스틱 병에 담긴 생수를 사지 않고도 물을 마실 수 있는데, 이런 시스템을 도입하는 국내 페스티벌이 아직은 없는 것 같아요.

하이린 '트래쉬버스터즈' 같은 다회용기 렌털 서비스 업체와 협업해 F&B 부스를 운영하는 페스티벌이 조금씩 늘어나는 것 같긴 해요.

다람쥐 페스티벌을 즐기는 것과 함께 쓰레기를 덜 만드는 방법도 고민했으면 해요. 관객도, 주최 측도요. 관객은 페스티벌 기간 동안 본인이 만든 쓰레기에 책임의식을 가지고, 주최 측에서도 적극적으로 서포트해 주는 페스티벌 문화가 만들어지면 참 좋겠네요.

하이린 다람쥐가 환경적인 부분을 염두에 뒀다면, 저는 책 전반적으로 단언하지 않도록 신경 썼어요. 사실 페스티벌은 일탈의 장소잖아요. 특히 락이나 락페 좋아하는 사람들은 반골 성향이 많다고 생각하는데(웃음) 사회적 규범으로부터 벗어나기 위해 가는 페스티벌에 이런저런 걸 지키자고 제시하는 게 별로인 것 같아서, 최대한 정보를 전달하되 강요는 하지 않도록 주의를 기울였어요. 초등학생 때 읽었던 메이플스토리 공략집처럼요. 공략집에서 말하는 거 다 안 해도 되고, 자기가 궁금하고 잘 모르는 부분, 관심 있는 부분만 참고차 읽으면 되니까요.

샛별 저도 '여기서는 무엇을 먹어야 하고, 어딜 꼭 들러야 하고, 인증샷은 이렇게 찍어야 한다'는 주입식 콘텐츠는 지양하는 편이에요. 모든 내용을 미리 알고 그대로 따라 하면 영화를 보기도 전에 결말까지 알게 되는 느낌이랄까요. 그래서 우리가 만든 가이드북도 참고만 하는 정도로 가볍게 읽어주시면 좋겠어요. 말 그대로 가이드 역할일 뿐, 본인 취향대로 마음껏 페스티벌을 즐기는 것이 더 재밌으니까요.

바리 아, 그런데 다른 건 몰라도 준비물 파트만큼은 잘 보고 가셔서 화상 안 입으셨으면 좋겠어요. 저는 원래 퍼스널 컬러가 여름 쿨톤이었는데 페스티벌을 호락호락하게 본 뒤로 가을 웜톤이 됐답니다. 이번에 상상페 갔을 때도 제 근처 관객분들이 페스티벌 처음 오신 것

같았는데, 시간이 지날수록 4월 햇빛이
왜 이렇게 따갑냐고 고통을
호소하시더라고요. '아이고. 피부
타시겠다…, 벗겨지시겠다….'라고
생각하면서 안타까웠죠. 준비물 파트는 꼭
읽어 보세요.

샛별 가이드북이 조금만 일찍 나왔어도
많은 분들의 피부를 지켰을 텐데….

**마지막으로 이 책의 독자들에게
하고 싶은 말이 있다면요.**

다람쥐 아무쪼록 책에서 소개한 페스티벌
모두 오래오래 지속되었으면 하고요,
앞으로도 다양한 페스티벌과 신규 관객이
많이 생겨서 페스티벌 신과 공연 문화가
건강하게 활성화되었으면 좋겠네요.

샛별 사실 페스티벌 가이드북을 빙자한
'영업'입니다. 그만큼 더 많은 사람들이
페스티벌에 관심을 가지고 찾아와 다 같이
즐겼으면 좋겠어요.

하이린, 바리 여러분. 페스티벌 오세요.
재밌습니다.

재활용률이 30% 이상인 국내 제지사의 재생용지를 사용해 만들었습니다.

더 많은 공연 덕후들이
더 좋은 공연과 페스티벌을
더 나은 환경에서 즐길 수 있게

페스티벌 라이프

뮤직 페스티벌 가이드 북
Music Festival Guide Book

발행	페스티벌 라이프
펴낸곳	도토리스튜디오
ISBN	979-11-987819-0-1 (13670)
기획	샛별, 하이린, 바리, 다람쥐
글	샛별, 하이린, 바리
교정교열	샛별, 하이린, 다람쥐
일러스트	바리 @__bari__doodles
디자인	다람쥐 @hayonwyee

ⓒ 페스티벌 라이프, 2024, Printed in Korea.
이 책에 실린 글과 사진, 그림은 *페스티벌 라이프*의 동의 없이 사용할 수 없습니다.